CASTINGS & SELF-TAPES

Christophe Mené

CASTINGS & SELF-TAPES

Réussir vos auditions
pour le cinéma et la TV

Édition : BoD · Books on Demand GmbH, In de Tarpen 42, 22848 Norderstedt (Allemagne)

Impression : Libri Plureos GmbH, Friedensallee 273, 22763 Hamburg (Allemagne)

ISBN : 978-2-3225-1651-3

Dépôt légal : Septembre 2024

Table des matières

INTRODUCTION

« Le casting, c'est comme le mariage. Vous devez trouver la personne qui correspond à votre vision, quelqu'un qui va apporter quelque chose de plus grand au personnage que ce que vous aviez imaginé. »

Martin Scorsese

Que ce soit pour obtenir un rôle dans un film, une série télévisée, une pièce de théâtre ou même une publicité, chaque audition représente, pour un acteur, une chance d'évoluer. Cette étape, espérée et redoutée, reste un processus intimidant et souvent imprévisible à l'ère des self-tapes généralisées.

De nouveaux bouleversements arrivent : l'intelligence artificielle n'est plus un simple concept de science-fiction. Elle s'immisce désormais à toutes les étapes d'un long métrage, de l'écriture du scénario à la promotion. Cette révolution technologique apporte ses avantages et ses défis, transformant les pratiques traditionnelles. La distribution des rôles n'est pas encore dominée par l'IA, mais celle-ci occupe une place de plus en plus déterminante dans ce secteur. Elle repère des comédiens au charisme indéniable, puis effectue des recherches approfondies dans des bases de données pour proposer des candidats correspondant aux critères souhaités.

L'utilisation de ces technologies constitue une menace pour certaines catégories d'acteurs et de figurants. Cette thématique ne fait pas l'objet de notre livre, mais je tenais à l'évoquer, car elle s'inscrit dans un futur proche.

L'univers du casting avait déjà connu des mutations majeures au début des années 90 avec l'arrivée des outils numériques et d'Internet. Avant l'avènement des self-tapes et la possibilité de se filmer avec un smartphone, les comédiens devaient se livrer à un véritable parcours du combattant pour tenter leur chance. Il fallait franchir des étapes décourageantes, la première étant de se présenter à des rendez-vous physiques où des centaines de concurrents se pressaient dans l'espoir d'être remarqués. Ces auditions, souvent impersonnelles et expéditives, ne laissaient que quelques minutes à chacun pour démontrer son talent.

Aujourd'hui, les self-tapes ont pris une place prédominante, offrant de nombreux avantages. Tout d'abord, une liberté appréciable : plus besoin de se plier aux horaires et aux lieux imposés par les directeurs de casting. Une vidéo peut être réalisée à n'importe quel moment dans le confort de son domicile. C'est le moyen idéal de contrôler tous les aspects de sa prestation. On peut choisir un décor, un costume et enchaîner les prises jusqu'à obtenir satisfaction. Mais se filmer soi-même représente un défi pour ceux qui n'ont aucune expérience en la matière. Beaucoup se sentent perdus à l'idée de se diriger seuls. Sortir du lot devient alors un tour de force. Il faudra être à la fois technicien et interprète.

En tant que coach, j'accompagne des acteurs depuis une vingtaine d'années. J'ai commencé par des collaborations au scénario pour des sociétés de production. Ces expériences m'ont permis de comprendre le fonctionnement des rouages d'une histoire à travers différents projets, dont *Le Péril Jeune* de Cédric Klapisch (1994), ainsi que des séries et des téléfilms unitaires où j'ai officié comme script-doctor avant de m'orienter vers la réalisation et le coaching. En rencontrant Christine Soldevila, comédienne et metteur en scène, au début des années 2000, je me suis dirigé vers la formation d'acteurs. Ensemble, nous avons fondé Acte 1, une structure qui organise des ateliers et des stages. Nous produisons aussi des films ainsi que des spectacles. Aujourd'hui, nous intervenons toujours à Paris et à Lille. En 2022, j'ai lancé un site dédié au coaching par visioconférence : cineacting.com.

Bien sûr, la question du casting est toujours centrale dans chaque intervention. Pas une seule séance ne se passe sans que ce sujet soit abordé ou approfondi. Au fil des années, j'ai observé l'évolution apportée par l'ère numérique dans la pratique quotidienne des comédiens. On est passé d'une époque où l'on se débrouillait en échangeant des infos et en cherchant des tournages dans des magazines comme *Le Film Français*, à une ère où tout se joue en quelques clics. Désormais, les sites d'acteurs se multiplient, et chacun cherche à se distinguer sur les réseaux sociaux avec des profils soignés, des teasers de films, des bandes démos, des photos et des self-tapes qui circulent à une vitesse folle. Beaucoup d'artistes vivent à l'heure du personal branding ; ils naviguent dans une jungle numérique où les plus habiles tentent de tirer leur épingle du jeu.

J'ai tourné une dizaine de courts métrages, ce qui m'a permis de réaliser mes propres castings. À travers ces expériences, j'ai compris que le choix d'un acteur ne dépend pas uniquement de ses compétences techniques ou de son apparence, mais repose sur une multitude de critères, parfois irrationnels. Il est nécessaire de revoir plusieurs fois les essais de chacun avant de prendre une décision finale — même s'il arrive que, dès les premières secondes, un candidat incarne immédiatement le personnage recherché. Chaque expérience nécessite une approche différente. Ce qui fonctionne pour un drame ne conviendra pas à une comédie. C'est pourquoi une audition ne sert pas seulement à choisir les meilleurs interprètes, mais à constituer une équipe qui donnera vie à un film.

Pourtant, malgré les avancées technologiques de ces dernières années, lorsque vient le moment de franchir la porte d'un directeur de casting ou de déclencher la caméra de son smartphone, le trac serre la gorge — rien n'a vraiment changé de ce côté-là. *Suis-je vraiment prêt ? Ai-je une chance d'exister dans ce milieu ?* Ce sont les questions qui résonnent face à une concurrence féroce. Le cœur bat plus fort quand un nouveau texte arrive par mail, avec l'espoir de participer à un film ou une série. C'est une lutte constante, un défi permanent que l'on se lance en choisissant d'être acteur.

Aujourd'hui, comme dans les années 80 ou 90, je retrouve cette même lueur dans les yeux d'un comédien lorsqu'il est convoqué pour une audition : nous savons tous les deux qu'un rôle peut changer une vie. Il faut alors tenter cette partie de poker. C'est toujours une joie d'apprendre qu'un rôle est attribué, mais aussi une profonde déception en cas d'échec.

Cet ouvrage a été conçu pour vous donner des clés essentielles et partager des outils qui vous aideront à gagner en confiance lorsque vous vous présenterez à une audition. Il est le résultat de nombreuses années de travail, où j'ai aidé chacun à préparer, créer des personnages et gérer le stress, afin de se rendre aux castings avec le plaisir de jouer. Vous y trouverez des astuces pratiques et des exercices qui vous donneront la possibilité d'appliquer la plupart des points traités.

N'oubliez jamais : le succès réside dans une implication totale à chaque étape. Cet état d'esprit, je souhaite vous le transmettre tout au long de ces pages.

1 - CASTINGS MODE D'EMPLOI

« Un bon casting, c'est lorsque les acteurs transcendent les mots et les actions du scénario pour créer quelque chose de vraiment unique. »

Jacques Audiard

Avec l'arrivée des plateformes de streaming comme Netflix, Amazon Prime ou Paramount+, les offres de rôles se sont diversifiées, créant une demande constante pour des interprètes de tous types, des acteurs principaux aux seconds rôles et figurants. Toutefois, malgré cette abondance de films et de séries, l'accès aux auditions reste un défi pour de nombreux comédiens. Les productions favorisent les castings internes ou les agences établies, ce qui complique la visibilité des nouveaux talents ou des acteurs non représentés. Par ailleurs, la montée des self-tapes et des essais en ligne offre plus d'opportunités, mais intensifie aussi la concurrence. Les candidats doivent non seulement être performants, mais rester à l'affût des offres. Pour se démarquer parmi des centaines de postulants et réussir une sélection longue et incertaine, il faut être prêt.

Le milieu s'est professionnalisé à tel point que les nouveaux arrivants se sentent parfois désarçonnés par le niveau d'exigence requis. Le cinéma indépendant, lui, se précarise : budgets revus à la baisse, temps de tournage réduit. Et pourtant, le nombre de comédiens ne cesse d'augmenter malgré la difficulté d'être reçus par un recruteur. Chaque année, des participants viennent se former à nos ateliers et dès la première séance, la question des auditions revient sur toutes les lèvres.

Il est alors nécessaire de se poser les bonnes questions, pourquoi devenir acteur ? Êtes-vous prêt à faire des sacrifices et peut-être même à ne jamais connaître la célébrité ? Il faut avoir une vision lucide de ses capacités à incarner différents types de rôles. Beaucoup me parlent de leur appréhension au moment de passer des essais ; le stress l'emporte sur l'excitation. La peur du rejet ou de vivre une expérience difficile prédomine. Pourtant, la plupart des directeurs de casting aiment leur métier et l'exercent dans le respect de chacun. Bien sûr, comme dans tout secteur, il existe des individus moins bienveillants que d'autres ; le milieu du cinéma et de la télévision n'échappe pas à cette réalité.

J'ai travaillé avec de nombreux comédiens qui ont fréquemment passé l'étape de la sélection avec succès. Certains ont connu de belles réussites comme Élodie Fontan : *Qu'est-ce qu'on a fait au Bon Dieu ?* (2014), Eye Haïdara : *Le Sens de la fête* (2017), Lani Sogoyou : elle a tourné auprès d'Olivier Marchal dans la série *Pax Massilia* (2023). Pour atteindre cet objectif, il vous faudra une détermination à toute épreuve et ne jamais renoncer. Il n'existe pas de règles établies en la matière : tant que votre flamme intérieure continue de brûler, vos chances restent intactes.

Comment se déroule une audition ?

Avant tout, il est nécessaire de se mettre dans la tête d'un recruteur. En lien étroit avec le réalisateur, il doit saisir précisément ce que celui-ci recherche pour chaque personnage. La pression est forte et il fera preuve de professionnalisme, tout en créant une distribution cohérente dans un délai restreint. L'étape initiale débute bien avant l'arrivée des premiers candidats : le directeur de casting commence par étudier le scénario et analyser le profil de chaque personnage. Une fois qu'il a défini le type d'acteurs recherchés, les auditions peuvent alors commencer.

On distingue trois moments clés qui précèdent l'attribution d'un rôle.

<u>Première étape</u> : cette phase initiale repose sur une combinaison de facteurs tels que l'apparence, l'expérience et le talent. L'aspect physique, bien qu'il ne soit pas le seul critère, joue un rôle important, car chaque personnage possède une description bien précise dans le scénario ; elle correspond à la vision du réalisateur. Cela ne signifie pas que la beauté est un prérequis, mais l'acteur doit s'accorder avec l'image que l'on se fait du personnage. À cela s'ajoutent son expérience et son aptitude à aborder différents types de rôles. Le directeur de casting assemble alors un véritable puzzle, cherchant à associer chaque comédien à un personnage particulier, tout en tenant compte de l'alchimie avec le reste de la distribution.

Deuxième étape : une fois la sélection effectuée, les acteurs retenus sont invités à auditionner. C'est là que les choses deviennent concrètes. Le recruteur juge en quelques secondes la justesse d'un candidat, mais aussi son professionnalisme. À ce stade, on apprécie ceux qui sont capables de surprendre, tout en restant cohérents avec le personnage.

Troisième étape : le call back. C'est un moment décisif, car il marque la dernière phase avant la sélection définitive. Les comédiens qui ont su convaincre lors de l'audition initiale sont invités à ce second rendez-vous, la plupart du temps en présence du réalisateur, du producteur ou d'autres membres de l'équipe. Les candidats devront s'appuyer sur les rares retours obtenus après le premier casting pour identifier ce qui a bien fonctionné et les points à améliorer. C'est l'occasion de prouver leur capacité à évoluer en conséquence.

À présent, la pression monte, car le nombre de postulants a été drastiquement réduit. La différence entre une réussite et un échec peut tenir à peu de choses : un simple détail de jeu, une manière d'améliorer la scène est susceptible de faire pencher la balance en votre faveur. En call back, vous jouerez parfois avec d'autres comédiens, notamment ceux qui ont déjà été retenus pour des rôles majeurs. C'est ici que l'on évalue la complicité entre les différents partenaires. Le réalisateur cherche à voir si les duos fonctionnent bien ensemble, que ce soit dans des scènes de conflit ou de romance. Cette cohésion joue un rôle majeur dans la décision finale.

Ce que recherche un directeur de casting

En convoquant un acteur, il a déjà une connaissance approfondie du scénario, des liens entre les personnages et des attentes du réalisateur. Il ne se contente pas de donner la réplique et de juger le jeu : il cherche à sentir si le candidat incarne véritablement le personnage, s'il a saisi sa psychologie et son parcours au sein de l'histoire.

La plupart du temps, ce professionnel élargit sa recherche en assistant à des pièces de théâtre, des festivals ou en se rendant dans des écoles d'art dramatique, où il découvre de nouveaux visages. L'instinct joue un rôle clé dans le choix final. Il utilise son intuition pour identifier le potentiel d'un comédien prometteur. Ce que l'on pourrait qualifier de « boussole créative » le guide dans ses décisions. Elle lui permet de découvrir des talents bruts, parfois avant tout le monde. Ce qui lui importe par-dessus tout : trouver un acteur capable de retenir l'attention dès son apparition à l'écran. Il privilégie celui qui possède une présence magnétique, apte à se démarquer dans des scènes intimistes tout en libérant son énergie lorsque la situation l'exige.

L'apparence physique, bien qu'elle ne soit pas le seul critère, joue son rôle lors de cette rencontre. Le directeur de casting recherche un artiste qui correspond visuellement à l'image qu'il se fait du personnage, mais aussi quelqu'un en mesure de se transformer selon les exigences du script. Sa marge de manœuvre est souvent réduite ; il choisira des comédiens en accord avec les souhaits de la mise en scène, dans un délai restreint. Il doit également garder une vue d'ensemble en effectuant la distribution des rôles. Un comédien peut être convaincant seul, mais l'alchimie avec ses partenaires n'est pas toujours au rendez-vous. L'objectif vise à constituer une distribution où chacun trouve sa place.

Les castings : un parcours semé d'obstacles

Auditionner est une épreuve délicate, il y a beaucoup plus de candidats que de rôles disponibles, ce qui rend la sélection encore plus compétitive. Certains, découragés par la perspective d'un échec probable, hésitent à se lancer ou repoussent le moment de participer à un casting, convaincus que leurs chances sont minimes.

Le trac empêche, dans bien des cas, de donner le meilleur de soi-même. Beaucoup se font évincer plus souvent qu'ils ne sont sélectionnés. Les refus font partie du parcours ; ils ne reflètent pas un manque de talent. Pourtant, après une série de rejets, ces acteurs en viennent à douter de leurs capacités. Dans le meilleur des cas, ils travaillent sur scène grâce à un réseau actif ou créent leurs propres spectacles, se détournant ainsi des plateaux de tournage.

L'une des principales sources de cette frustration réside aussi dans l'absence de feedback après un essai : ils sont réduits au strict minimum ou inexistants. Vous serez souvent laissé dans l'incertitude ; comment savoir si votre prestation a été à la hauteur ? Sans retour constructif, il est difficile de progresser en vue des prochains rendez-vous.

Trouver des castings représente également un défi pour beaucoup. Les débutants, en particulier, peuvent se sentir exclus, car un certain nombre de recruteurs préfèrent travailler avec des comédiens qu'ils connaissent déjà ou avec d'autres, représentés par des agences artistiques. Ces pratiques créent un environnement où il devient de plus en plus compliqué de se faire une place.

Ceux qui réussissent possèdent les bons outils : ils savent utiliser leur corps et leur présence devant la caméra. Ils ajustent leur jeu pour rendre chaque sentiment perceptible sans exagération et modulent leur voix selon la situation. Par exemple, dans une scène de proximité, une présence vocale trop puissante paraîtra artificielle. À l'inverse, dans un moment de tension, le ton doit être maîtrisé pour livrer les émotions sans les forcer. La respiration prend toute son importance : excessive, elle parasite une scène, tandis que l'intériorisation renforce l'intensité du jeu. Bien souvent, ces acteurs travaillent avec un coach ou suivent un entraînement intensif afin de gagner en précision.

Connaître son texte sur le bout des doigts est une évidence pour tout professionnel, mais un directeur de casting veut avant tout voir vivre le personnage. Vous devrez donc saisir les enjeux de chaque réplique, les sous-entendus et les motivations du personnage, et les rendre aussi naturelles que possible, comme s'il s'exprimait dans la vie courante. Une scène bien écrite véhicule des émotions contrastées, où il faudra passer de la légèreté à l'hostilité. Si vous jouez de façon trop agressive pendant la première prise d'un casting, on vous demandera des variations. À vous de comprendre ce que veut le recruteur, voire de dépasser ses attentes.

Adoptez une autre vision du casting

Bien souvent, l'audition est vue comme un simple passage obligé pour obtenir un rôle. Or, il est possible d'envisager une vision plus large et plus inspirante de cette étape. Ce moment de création vous permet d'explorer des sentiments complexes et d'y apporter une interprétation personnelle, même éphémère. En abordant chaque casting comme une occasion de jouer, vous libérez la pression de la performance et vous vous focalisez sur l'expression. Cette vision change votre rapport à la sélection, qui devient alors une chance de donner le meilleur de vous-même, sans vous soucier du résultat. Cherchez à la transformer en espace de liberté, à la percevoir comme un processus enrichissant, au-delà du verdict final.

Imaginons une scène où un acteur auditionne pour un rôle dramatique. Le personnage est un père qui vient de perdre son enfant dans un accident. Un casting de ce type demande une intensité émotionnelle qui peut être intimidante. Dans une approche centrée sur la réussite, il se concentrera uniquement sur les attentes du recruteur : *Suis-je assez expressif ? Est-ce que je transmets la douleur comme il faut ?* Ces questions risquent de nuire à la scène, car notre interprète prend le risque de rester extérieur. S'il envisage plutôt l'audition comme un moment de jeu, il commence à voir la situation autrement : il s'y plonge comme dans une expérience. Plutôt que de penser au résultat, le candidat se concentre sur le fait de ressentir la souffrance du personnage, de se laisser toucher par son histoire et de vivre l'émotion comme une réalité. Dans cette perspective, il peut même s'autoriser des choix personnels : un long silence, une hésitation ou un regard détourné — des détails qui surgissent naturellement lorsqu'on s'immerge dans un rôle. Cette liberté devient un moment fort pour le directeur de casting, qui découvrira une interprétation vivante, loin des standards trop calculés.

Le même principe s'applique pour une séquence de comédie, où les attentes sont très différentes. Il faut non seulement faire rire, mais aussi être capable de transmettre une énergie et un sens du rythme à la seconde près. Une actrice auditionnant pour le rôle d'une femme maladroite a de fortes chances de « forcer l'humour » si elle cherche désespérément un effet comique à chaque phrase, ce qui rendrait son jeu mécanique. En abordant l'audition comme une occasion de s'amuser et de découvrir le personnage, elle pourrait improviser en ajoutant une petite grimace, un geste maladroit, ou en jouant avec le rythme de ses répliques pour surprendre. Cette audace — inspirée par le désir de vivre la scène et non de faire rire — sera plus efficace, créant un moment original qui transforme le casting en une expérience plaisante autant pour elle que pour celui qui la regarde.

Considérez chaque audition comme une occasion de jeu et une certaine prise de risques. En oubliant l'objectif de la réussite à tout prix, vous découvrez de nouvelles facettes de vous-même et gagnez en confiance. Au lieu de vivre ces entretiens comme des moments de stress et de pression, vous apprenez à les apprécier davantage. Grâce à cet état d'esprit, chaque échec devient une étape de plus dans l'apprentissage, et vous vous libérez progressivement de la peur du rejet.

2 - LES DIFFÉRENTS TYPES D'AUDITIONS

*« Je pense que le secret du casting, c'est de faire atten-
tion à ceux qui ne sont pas des stars, mais qui ont un
talent brut. »*

Clint Eastwood

Les castings pour le cinéma et la TV

Ce sont les plus convoités et les plus compétitifs. Qui ne désire pas jouer dans un long métrage ? Des images célèbres nous reviennent en mémoire : le jeune Jean-Pierre Léaud a été découvert par François Truffaut à l'occasion d'un casting sauvage pour *Les 400 Coups* (1959), Sophie Marceau, choisie à 13 ans pour *La Boum* (1980), ou Sandrine Bonnaire, 16 ans, dans *À nos amours* (1983). Ces histoires alimentent le fantasme de tout acteur : passer de l'ombre à la lumière grâce à un rôle inoubliable. Cela ne concerne qu'une infime minorité ; beaucoup le savent, mais le désir de tenter sa chance est le plus fort.

J'ai souvent été témoin de parcours surprenants. Certains comédiens, dont le talent semblait limité, se sont professionnalisés à force de persévérance. Ils ont fini par décrocher des rôles dans des productions à succès, prouvant que la détermination peut parfois compenser un manque d'expérience. À l'inverse, des acteurs doués, qui semblaient promis à un bel avenir, sont restés confinés au circuit des courts métrages amateurs, incapables de franchir le cap vers des productions plus importantes.

Lors du premier tour, vous rencontrerez le directeur de casting, et parfois un assistant. On pourra vous demander de jouer la scène différemment, en modifiant votre ton, votre attitude ou votre approche du personnage. Il y a des différences notables entre une audition pour le cinéma et la télévision. Selon le projet, un jeu épuré ou, au contraire, exagéré sera requis ; à vous alors de livrer une interprétation fidèle à la demande. Quoi qu'il arrive, même si l'audition est brève, il est essentiel de rester professionnel jusqu'au bout et de partir avec une attitude positive. Le recruteur ne donnera pas de réponse sur-le-champ, il devra examiner plusieurs candidatures avant de se décider.

Les auditions pour le théâtre

Les essais sont souvent orchestrés par les directeurs de salles eux-mêmes. Ils se déroulent généralement en plusieurs étapes, avec des séances préliminaires suivies de rappels. Lors de votre passage, vous rencontrerez le metteur en scène ainsi que d'autres membres de l'équipe de production. Ces auditions sont réservées aux acteurs possédant un solide bagage théâtral, que ce soit pour un classique ou un vaudeville. Le metteur en scène joue un rôle central ; il ne se contente pas d'évaluer la qualité de votre jeu, mais cherche à comprendre comment vous pouvez vous intégrer dans sa vision globale de la pièce et collaborer avec les autres acteurs.

Que ce soit pour des classiques tels que Shakespeare, Molière, Tchekhov, ou pour une pièce plus légère, chaque style demande des compétences techniques particulières. Les metteurs en scène exigeants accordent une grande importance à la diction, à la maîtrise du texte et à la compréhension des enjeux dramatiques. Auditionner pour le rôle d'Hamlet ou de Phèdre implique de travailler des monologues d'une grande difficulté. Pour une comédie, surtout en café-théâtre, le jeu physique et le rythme sont primordiaux. Ces textes nécessitent une énergie différente, où la justesse de l'interprétation et l'humour l'emportent sur l'intensité dramatique.

Contrairement au cinéma, où des micros enregistrent chaque murmure, le théâtre exige une projection claire de la voix. Les metteurs en scène auront besoin de vous entendre distinctement dans une grande salle. Vous devrez également maîtriser l'espace scénique : les déplacements, les gestes. Comme le jeu est plus « amplifié », il faudra passer rapidement d'une émotion à une autre, tout en maintenant une cohérence dans votre interprétation. On vous jugera sur votre façon d'écouter, de réagir aux membres du groupe, de vous fondre dans la troupe pendant un moment collectif, tout en sachant aussi vous distinguer, tel un musicien exécutant un solo dans un orchestre. Là aussi, les refus sont fréquents, et il faut être capable de se relever sans se décourager ; vous y gagnerez en expérience pour la suite.

Réussir les castings publicitaires

Ils sont plus rapides et moins formels. On vous demande d'interpréter une scène courte, et votre apparence physique compte parmi les critères de sélection. Vous devez fournir plusieurs photos récentes, un CV artistique ainsi qu'une bande démo. L'audition varie en fonction du budget de la production et du type de profil recherché. On peut vous recevoir en personne ou vous demander une self-tape. Vous incarnerez, la plupart du temps, des personnages stéréotypés, tels qu'un cadre ambitieux prêt à conquérir le monde ou un jeune marié comblé. C'est la loi du genre. On recherche un candidat réactif, capable de s'adapter rapidement aux indications.

Les publicités nécessitent une approche plus directe. Il faut être efficace immédiatement, car le temps de production est souvent limité. En général, vous incarnerez un consommateur découvrant un nouveau produit et manifesterez de la surprise et de la joie face à ses avantages. Le temps alloué à chaque acteur est bref ; l'équipe de casting cherche à voir votre réaction instinctive face à une situation donnée.

Tourner dans des spots publicitaires est une expérience enrichissante pour débuter. Vous vous familiariserez avec les plateaux de tournage, apprendrez à gérer les attentes des équipes de production et développerez une discipline de travail. Les directeurs de casting et les réalisateurs de films publicitaires collaborent souvent sur des productions de plus grande envergure. Si vous faites bonne impression lors d'un tournage de pub, il n'est pas rare que l'on vous recommande pour d'autres projets, notamment dans le cinéma ou la télévision.

Les essais pour les voix off

Ces auditions s'adressent aux comédiens dotés d'une voix expressive. Ils pourront accompagner un documentaire entier, comme Mathieu Kassovitz dans la série *Apocalypse*, ou se spécialiser dans le doublage. Contrairement au jeu traditionnel, où l'acteur dispose de son corps, de ses gestes et de son visage, ici, tout passe par la voix. En vous écoutant, on doit ressentir une palette d'émotions, allant de l'enthousiasme à la gravité, uniquement à travers l'intonation, la diction et la modulation.

Si vous souhaitez postuler, vous devez posséder une bande démo de qualité. C'est l'outil principal qui permet au directeur de casting ou au réalisateur d'apprécier vos compétences vocales en amont. Vous n'avez pas encore une démo de voix-off professionnelle ? Il est possible d'enregistrer plusieurs extraits avec votre smartphone. Sélectionnez des textes variés : un passage de documentaire, une publicité, et un dialogue pour du doublage, par exemple. Dans le cas où votre candidature est retenue, vous serez convoqué pour lire le texte sous la supervision d'un directeur de casting. Ce dernier joue un rôle clé dans l'ajustement de votre interprétation. Il vous donnera des indications précises sur le ton, le rythme et les émotions à adopter.

La voix off est un domaine où la technique est aussi importante que l'expression. Pour y parvenir, le contrôle de votre respiration est indispensable. Vous devrez être capable de maintenir une tonalité stable et puissante sur une longue durée, sans montrer de signes de fatigue. C'est essentiel pour les récits longs, comme les documentaires ou les livres audio. Vous suivrez une formation rigoureuse afin de développer les compétences nécessaires et réussir vos castings.

3 - LE JEU FACE À LA CAMÉRA

« Le casting est tout. Vous ne pouvez pas transformer
quelqu'un en un personnage qu'il n'est pas. »

Christopher Nolan

Une recherche permanente de vérité

En tant qu'acteur, la quête de vérité est sans doute l'élément le plus puissant que vous puissiez apporter à une audition. En cherchant constamment à être vrai, à dévoiler des parties de vous-même à travers le personnage, vous créez un lien plus profond avec le spectateur — et, en l'occurrence, avec le directeur de casting. Être authentique ne signifie pas jouer ce qu'on attend de vous ; c'est l'inverse. Cela implique de s'approprier le personnage et de le rendre aussi humain que possible, avec votre personnalité, vos fragilités et votre interprétation unique. La caméra capte la vérité comme aucune autre forme d'art, si bien que vos castings et self-tapes révèlent cette sincérité, sans artifices.

Cet état d'esprit doit se développer à chaque étape de votre parcours : ne cherchez pas la perfection extérieure, mais plongez en vous pour y trouver cette vérité brute qui résonne avec le public et donne une épaisseur à chaque interprétation.

Pourquoi joue-t-on ?

La question du pourquoi est fondamentale au cœur du travail de l'acteur. Pourquoi faites-vous ce métier ? Pourquoi prenez-vous des risques pour interpréter des rôles et vous exposer à travers des personnages ? Cette réflexion vous aide à rester aligné avec votre désir vital de jouer, même dans les moments de doute. Être sur scène ou face à la caméra, pour la plupart des comédiens, va au-delà de l'envie d'être vu ou d'avoir du succès ; c'est une passion pour le partage, un besoin de raconter des histoires, d'incarner des émotions humaines, de toucher les autres. Songez régulièrement à cette question, car elle donne un sens à chaque casting, chaque self-tape, et vous rappelle l'importance de ce que vous apportez en tant qu'artiste. Ce pourquoi devient votre boussole, il vous guide dans chaque rôle et vous aide à retrouver l'inspiration, malgré les difficultés du métier.

Interpréter une scène devant une caméra diffère du théâtre sur bien des points. La présence d'une équipe de tournage, les contraintes techniques et les directives du réalisateur imposent de s'adapter en permanence à un environnement où la liberté d'action est souvent restreinte. Un acteur doit respecter le cadre, la focale et les marques au sol, tout en maintenant un naturel parfait dès que le clap retentit.

Une formation de comédien permet d'acquérir les bases techniques telles que la diction, la gestuelle et la construction de personnages. Il est donc recommandé de passer par un cours d'art dramatique. Aujourd'hui encore, l'apprentissage débute par le théâtre. Vous aborderez un vaste éventail de rôles en vous plongeant dans les scènes du répertoire classique et contemporain ; une étape incontournable dans votre parcours.

Trouver la formation cinéma adaptée

Les écoles d'État, comme le Conservatoire National Supérieur d'Art Dramatique (CNSAD), offrent une formation de haut niveau aux futurs professionnels du théâtre et du cinéma. L'admission y est extrêmement sélective, avec des concours rigoureux, et les programmes sont conçus pour fournir une formation complète, englobant des cours de théorie théâtrale, de technique et d'interprétation. Ces établissements disposent d'infrastructures de qualité et d'un corps enseignant composé de professionnels reconnus.

Bien que les conservatoires régionaux soient moins sélectifs, ils offrent toutefois une formation de qualité. Ces établissements mettent l'accent sur la discipline et la technique, avec pour objectif de former des acteurs polyvalents, capables de s'adapter aussi bien au théâtre qu'au cinéma. Ces institutions publiques sont souvent considérées comme prestigieuses en raison de leur histoire, de la qualité de leur enseignement et du réseau professionnel qu'elles offrent à leurs diplômés.

Les cours privés : entre promesses et réalités

Beaucoup de cours proposent des ateliers face à la caméra, cependant, les entraînements peuvent varier considérablement d'un lieu à l'autre. Dans certaines écoles, ces séances sont conçues pour reproduire les conditions réelles de tournage, mais d'autres établissements manquent de rigueur et d'intervenants qualifiés.

Avant de vous engager financièrement, prenez le temps de mener des recherches approfondies. Aujourd'hui, la plupart des centres de formation diffusent leurs travaux en ligne, qu'il s'agisse de scènes d'atelier ou de courts métrages. Par précaution, il est fortement recommandé d'observer à la loupe ces vidéos, elles vous permettront de juger par vous-même de la qualité de l'apprentissage.

Il est également utile de lire les témoignages d'anciens élèves. Ces retours peuvent révéler certains aspects des contenus réels et des techniques que les brochures ne montrent pas. En fin de compte, votre formation est un investissement en vous-même. Prenez le temps de choisir la structure qui correspond le mieux à vos objectifs.

Se perfectionner en suivant des stages

Pour parfaire votre cursus, les stages offrent l'occasion d'approfondir vos compétences dans différents domaines tels que l'acting in English, le doublage, etc. Les intermittents peuvent obtenir un financement par l'AFDAS ou France Travail Spectacle. Beaucoup d'artistes s'orientent également vers des disciplines complémentaires comme l'écriture de scénario, la réalisation, le montage vidéo, ou acquièrent des compétences physiques telles que l'escrime, l'équitation ou les sports de combat.

Récemment, j'ai collaboré avec un cascadeur, un professionnel aguerri venu s'initier au jeu face à la caméra. Aujourd'hui, dans sa spécialité, on attend qu'il soit capable de dire un texte après une scène d'action. Nos métiers requièrent de la polyvalence, et la progression est proportionnelle à l'énergie déployée. L'acquisition de nouvelles connaissances reste indispensable tout au long d'une carrière artistique.

La formation continue ne doit pas devenir une fin en soi. Certains acteurs passent des années à suivre des stages et des cours sans jamais vraiment se lancer dans la pratique. C'est en se confrontant aux difficultés du jeu face à la caméra que l'on progresse vraiment. Il est donc nécessaire de posséder une base solide en acting et de bien assimiler les techniques suivantes :

- La construction d'un personnage : comprendre sa psychologie, son objectif principal dans le récit, ainsi que ses relations avec les autres, qu'il s'agisse de ses proches ou de ses adversaires.

- Le travail des émotions : l'acteur doit exprimer un large éventail de sentiments avec une compréhension parfaite de l'enjeu de chaque séquence.

- La voix et la diction : il est nécessaire de contrôler sa palette vocale et son intonation afin de rendre les dialogues clairs.

- Le langage corporel : le comédien doit utiliser sa gestuelle pour communiquer les dimensions du sous-texte.

- La proximité de la caméra : quand on est filmé, chaque expression est amplifiée, ainsi que les micro-mouvements. Il est donc nécessaire de maîtriser ses gestes pour éviter le surjeu.

- L'acteur est amené à se positionner face à un partenaire ou à se déplacer dans un espace précis, tout en modulant sa voix dans le but de répondre aux exigences de l'ingénieur du son.

- La collaboration avec le réalisateur : il est le guide principal de chaque comédien sur le plateau, cherchant soit la sobriété, soit une interprétation plus marquée, selon son style.

Dans l'espace cinéma, on retrouve les attitudes les plus élémentaires de la vie. S'il y avait un slogan à retenir, ce serait : « less is more ». Moins on agit, plus l'intensité des émotions se voit à l'écran. La caméra établit un lien intime avec vos sentiments, enregistrant le plus infime frémissement. Rien ne lui échappe, que ce soit les mouvements de vos yeux ou les expressions du visage. « Au cinéma, jouer c'est ne pas jouer », affirme Al Pacino. Cette règle d'or vous aidera à garder votre justesse en toutes circonstances.

Le 7e art se décline en différents genres : le drame, la comédie dramatique, le thriller, la comédie. Comme au théâtre, où l'on passe d'un classique du XVIIIe siècle à un vaudeville, vous naviguerez d'un style de film à un autre. Cela nécessite une parfaite connaissance des codes propres à chaque type de cinéma.

Quand la cinéphilie façonne le parcours d'acteur

N'étant pas comédien de formation, j'ai démarré mon activité après avoir réalisé plusieurs courts métrages. Dès le début, il me semblait indispensable de transmettre des notions de cinéphilie avant d'aborder la partie tournage. Découvrir des réalisateurs emblématiques m'a beaucoup apporté sur le travail des acteurs à l'écran. À la fac, nous passions des heures à analyser le découpage de la séquence d'ouverture de *Citizen Kane* (1941) ou de *La Mort aux trousses* (1959). On se passionnait également pour les premiers longs métrages de Martin Scorsese, Francis Ford Coppola ou Brian De Palma.

Je suis passionné par le réalisme à l'écran et me suis longtemps concentré sur les films des années 50 à 90, où le jeu d'acteur est devenu plus authentique. Ce que je voyais dans le cinéma de John Cassavetes ou de Ken Loach m'a toujours fasciné. J'ai voulu suivre cette direction dans mon travail en atelier. Pour y parvenir, il n'y a pas de recette miracle : un acteur doit sortir des sentiers battus et vivre la situation avec une implication totale. Jusqu'où irez-vous pour un rôle ? C'est une question fondamentale à se poser si vous souhaitez travailler dans un univers filmique proche du réel.

Chaque année, je reçois des acteurs de tous âges, venant d'horizons très différents. Certains ont des bases cinéphiliques solides, d'autres non. Aujourd'hui, le divertissement prend souvent le pas sur la dimension artistique du cinéma, et les blockbusters dominent le marché. Les franchises envahissent les salles, reléguant au second plan les productions indépendantes qui luttent pour survivre. Les spectateurs ont moins d'occasions de découvrir de grands films. Or, il me semble indispensable de connaître le cinéma si l'on désire le comprendre et progresser. Il est donc nécessaire de se familiariser avec les principaux courants, c'est la raison pour laquelle je passe régulièrement les extraits des films qui m'ont le plus marqué, lors d'ateliers ou de stages. On y retrouve les longs métrages d'Elia Kazan, influencés par l'Actors Studio, mais également ceux de Maurice Pialat, de Jean-Pierre et Luc Dardenne, et bien d'autres ; un cinéma proche du documentaire où l'improvisation apporte un souffle de vérité. Je présente également des extraits d'œuvres plus récentes afin de suivre l'évolution du jeu.

Il existe des films de dialoguistes, comme *La Maman et la Putain* de Jean Eustache (1972) ou encore *Tenue de soirée* de Bertrand Blier (1986). Dans ces univers, les acteurs respectent le texte à la virgule près. D'autres cinéastes, au contraire, préfèrent obtenir des images brutes, proches de la vie. Une caméra libre et mobile viendra capter l'interprète, laissant l'imprévu apporter une touche de réel. Tout acteur aguerri saura passer d'un registre à l'autre : ces deux approches ayant donné naissance à d'excellents films.

L'apparition d'outils numériques a offert une grande liberté aux cinéastes. Ainsi, Steven Soderbergh a tourné *Paranoïa* (2018) avec un iPhone. Chaque année, des réalisations originales comme *Moonlight* (2016) ou *Parasite* (2019) repoussent les limites de l'écriture filmique. Connaître ces artistes enrichira le jeu de ceux qui viennent s'initier. Certains recherchent le contrôle total, aussi bien dans la mise en scène que dans la façon de travailler un texte où tout est réglé au millimètre.

Les méthodes d'interprétation majeures

Dans mon précédent ouvrage, *Face à la caméra ou la vérité de l'instant*, j'évoquais la Méthode de l'Actors Studio, développée par Lee Strasberg (acteur, metteur en scène et enseignant, fondateur de l'Actors Studio : 1901-1982). Cette technique, fondée au début des années 50, reste encore largement enseignée. Au départ, Strasberg s'est inspiré des travaux de Constantin Stanislavski (acteur, metteur en scène et pédagogue russe, créateur du « système Stanislavski », une méthode révolutionnaire qui encourage les acteurs à puiser dans leur propre expérience émotionnelle : 1863-1938).

L'Actors Studio met l'accent sur la vérité intérieure du personnage, en s'appuyant sur la mémoire sensorielle et affective. Le comédien utilise ses souvenirs perceptifs (comme la sensation de chaleur ou d'humidité) et émotionnels pour recréer des situations similaires à celles vécues par le personnage. Par exemple, s'il doit exprimer la tristesse, il se souviendra d'un moment douloureux de sa vie pour revivre ce sentiment sur l'instant. Il éprouve alors, physiquement et mentalement, les mêmes sensations que son rôle.

Un exercice typique visant à développer la mémoire sensorielle consiste à s'asseoir dans un environnement calme, fermer les yeux et se concentrer sur un souvenir précis. L'objectif est de revivre chaque détail de ce moment : l'odeur de l'air, la température, les sons environnants, et surtout, les sensations éprouvées. Le comédien répète cet exercice jusqu'à ce qu'il puisse accéder à ses souvenirs et reproduire les émotions associées à volonté.

Lee Strasberg soulignait l'importance de la relaxation comme fondement du travail de l'acteur. Une tension physique peut bloquer l'accès aux expressions intérieures et nuire à la qualité du jeu. Pour éviter cela, des exercices de détente et de respiration effectués avant de commencer une scène libèrent le corps et l'esprit. L'identification émotionnelle consiste à remplacer les circonstances fictives du personnage par des expériences personnelles similaires que l'acteur a réellement vécues. Cette pratique, appelée « substitution », lui permet d'éprouver des sentiments véritables au lieu de les simuler. Supposons que le personnage traverse une rupture amoureuse, il se remémorera alors une séparation difficile de sa propre vie. La souffrance ressentie à ce moment-là devient la réaction à exprimer dans la scène ; elle n'est pas factice, mais réellement incarnée.

Les comédiens formés à l'Actors Studio s'efforcent de transformer leur corps pour interpréter leur personnage. Ils portent une attention minutieuse à chaque détail : la démarche, la respiration, ou même le clignement des yeux, afin que chaque mouvement reflète fidèlement le ressenti du rôle. Atteindre ce niveau de précision demande un entraînement physique rigoureux, qui aide à ressentir ce que traverse le personnage. La douleur musculaire, l'endurance et la fatigue deviennent alors des outils précieux pour plonger plus profondément dans l'expérience du protagoniste.

Robert De Niro, adepte de la Méthode, a conduit un taxi pendant des semaines pour se préparer à son rôle dans *Taxi Driver* (1976). L'implication est similaire chez Daniel Day-Lewis, qui va jusqu'à rester dans son personnage pendant toute la durée des tournages. Il a incarné des rôles inoubliables, notamment dans des films comme *There Will Be Blood* (2007).

La technique Meisner en pratique : libérer l'instinct de l'acteur

En parallèle, Sanford Meisner (comédien et professeur : 1905-1997) a développé un système différent, mais tout aussi puissant, centré sur la sincérité des échanges. Sa technique met l'accent sur la réactivité spontanée entre acteurs. Un exercice clé est celui de la « répétition », où deux partenaires se renvoient une même phrase, en se concentrant sur les variations d'intentions à chaque instant.

Par exemple, une simple réplique comme « Tu es là ? » peut être répétée des dizaines de fois, chaque tentative apportant une nuance différente en fonction des impulsions du moment. Ce processus pousse chacun à lâcher prise et à s'investir pleinement, rendant le jeu plus spontané. On pense à l'interprétation de Michelle Williams dans *Blue Valentine* (2010), où elle a utilisé les exercices de Meisner pour établir une connexion réelle avec Ryan Gosling : leur relation à l'écran devient encore plus poignante.

La méthode Chekhov : explorer les mouvements et la psychologie

Michael Chekhov (acteur et pédagogue russe, neveu d'Anton Tchekhov, 1891-1955) met l'accent sur l'utilisation de l'imaginaire et des mouvements physiques pour comprendre le personnage. Contrairement à Stanislavski, qui encourage l'acteur à puiser dans ses propres émotions, Chekhov se concentre sur la psychologie du personnage en s'appuyant sur des exercices physiques. Le *geste psychologique* est l'un de ses concepts clés : il s'agit de trouver un mouvement ou un geste qui incarne la nature du personnage et de l'utiliser pour pénétrer plus profondément dans son état d'esprit.

Exemple : pour incarner un individu autoritaire, vous pourriez utiliser un geste psychologique, tel qu'un poing serré ou une position rigide du corps. Ce mouvement, répété au fil des séances, enrichira votre jeu physique et accentuera le caractère du rôle.

L'expérience acquise sur les tournages vous aidera à adapter ces techniques à vos besoins. Dans une scène nécessitant une réaction immédiate face à l'imprévu, les principes de Meisner se révèlent très utiles. À l'inverse, si vous devez exprimer une émotion intense, vous atteindrez une plus grande vérité grâce aux outils de l'Actors Studio.

4 - TECHNIQUES AVANCÉES

« *Pour moi, le casting est essentiel. Choisir le bon acteur peut faire 90 % du travail du réalisateur. Si l'acteur est en adéquation avec le personnage, le reste sui-
vra naturellement.* »

Alfred Hitchcock

Pendant de nombreuses années, je me suis inspiré des
méthodes citées dans le chapitre précédent, en atelier, tout
en intégrant d'autres influences, comme le cinéma de Ken
Loach. Dans ses films, les comédiens ne se basent pas sur
un travail classique autour du scénario ; ils explorent leurs
personnages de manière instinctive et organique. La plupart du temps, ils découvrent la situation sur le plateau, ce
qui leur permet de réagir spontanément sous l'effet de la
surprise. Cela crée des échanges vivants, où chaque scène
devient unique et ancrée dans l'instant présent.

C'est cette recherche de vérité que j'essaie de transmettre, en encourageant chacun à explorer l'inconnu et à
faire confiance à son instinct. Cependant, avant d'atteindre ce stade, il est essentiel de maîtriser les principes
fondamentaux du jeu face à la caméra.

Économie de mouvements

Au cinéma, chaque action compte et doit être soigneusement réfléchie. L'économie de mouvements est donc l'une des premières compétences à maîtriser. Il est primordial de limiter les gestes parasites, et cela peut frustrer certains acteurs qui ont l'impression de ne pas jouer. Cependant, un personnage qui reste immobile après une révélation exprime bien plus que de longs dialogues. Dans *Drive* de Nicolas Winding Refn (2011), le personnage du chauffeur, interprété par Ryan Gosling, manifeste ses émotions par de petits gestes contrôlés, comme un regard fixe ou le resserrement de sa mâchoire. La tension est palpable sans qu'il ait besoin de bouger pour transmettre sa nervosité.

L'intention derrière chaque geste

Tout geste nécessite une intention claire. S'il est gratuit ou sans justification, le spectateur perçoit un effet de jeu qui le sort immédiatement de son identification au personnage. Dès que la caméra tourne, la moindre impulsion est enregistrée et donne du sens à l'action. L'acteur en prend conscience en jouant, c'est pourquoi il donnera une signification précise à tout ce qui se passe à l'écran. L'intention contribue également à éviter les « tics » ou les actions inutiles, souvent causés par un manque de réflexion sur ce qu'il fait. Posez-vous toujours cette question : *Pourquoi est-ce que je bouge ainsi ? Qu'est-ce que j'exprime par ce comportement ?*

L'espace et le cadre

La caméra impose une contrainte particulière : celle du cadre. Selon la taille du plan (gros plan, plan moyen, plan large), vos gestes exigent de la précision. Un gros plan révèle des détails infimes, comme une larme ou un frémissement des lèvres, tandis qu'un plan large nécessite parfois une gestuelle plus marquée.

Dans une scène d'amour, l'intensité se trouve dans la simplicité des gestes : un léger contact des doigts, un sourire discret. Un mouvement trop ample nuirait à l'intimité de l'échange. Il faut toujours garder à l'esprit la taille du cadre et modifier vos actions en conséquence.

Le corps comme véhicule émotionnel

Le corps est généralement le premier indicateur d'un sentiment. Avant même que le personnage parle, sa posture ou ses actions révèlent son état intérieur. Maîtriser son langage corporel est indispensable pour mieux transmettre les émotions. Dans *Joker* (2019), avec Joaquin Phoenix, la transformation physique du protagoniste est saisissante. Ses gestes deviennent de plus en plus libres à mesure qu'il sombre dans la folie. La danse du Joker dans les escaliers symbolise une renaissance, un abandon total face à la société. Cela montre à quel point le corps peut révéler l'évolution d'un personnage.

Le minimalisme dès les premières prises

Même si vous interprétez une scène de conflit, il est plus efficace de créer une atmosphère par votre seule présence et de travailler sur l'économie des actions, sachant que des rebondissements viendront ensuite. Cela évite de donner une intensité excessive dès le début. En effet, se lancer avec une lecture trop chargée émotionnellement risque de donner l'impression d'un jeu figé, où le texte se fait trop entendre. En adoptant une approche minimaliste, vous apportez un réalisme à la scène dès les premières secondes et suivez une progression mesurée.

Les indications secrètes

Si le jeu est trop figé, donner des indications secrètes aux acteurs le rend plus fluide. Pour ce faire, je prends deux partenaires à part et leur propose des directives opposées, c'est une façon efficace d'introduire une part d'imprévu dans la situation. Je demande à chacun d'accomplir une action ou d'ajouter une réplique qui bouleverse l'équilibre de la scène. Cette perturbation volontaire crée un effet de réalité immédiat : quelque chose d'inattendu survient, et ils doivent s'y adapter aussitôt.

Pour obtenir de la justesse dans une séquence, il faut pousser un comédien hors de sa zone de confort. De cette façon, il peut réagir à des demandes inattendues, en toutes circonstances. Plus qu'une technique, voyez-y un état d'esprit, c'est-à-dire ne pas se laisser enfermer dans des automatismes, mais rester ouvert afin de nourrir chaque scène.

Avant tout, un directeur de casting aura besoin de voir le personnage vivre et non réciter un texte. Ce travail, vous pourrez ensuite l'accomplir seul : trouvez un moyen de sortir des sentiers battus et rendre ainsi votre interprétation surprenante. Vous saurez comment éviter l'enlisement en abordant une séquence, le plus souvent par un angle totalement opposé.

Les émotions contraires

Lorsque votre jeu devient artificiel, adoptez la méthode inverse : commencez la scène en douceur si vous l'aviez initialement abordée avec force. Faites ressortir la part irrationnelle de l'humain et puisez en vous des comportements inhabituels. C'est ainsi que je procède en amenant l'acteur vers des émotions contraires, l'idée étant de s'éloigner du stéréotype. Vous parviendrez alors à développer des réactions singulières, comme celles que nous avons dans la vie de tous les jours.

Imaginez un comédien qui joue un personnage habituellement courageux. En le poussant à explorer des émotions opposées, comme la peur ou la vulnérabilité, il révélera des aspects inattendus de son personnage. Cette technique encourage à dépasser les conventions et à révéler sa vraie nature. C'est de cette manière que l'on parvient à atteindre une profondeur qui touche le public.

Les deux principales erreurs face à la caméra

Les premières scènes filmées offrent un véritable festival de surprises ! La plupart des élèves acteurs parlent trop vite, débit précipité, dialogues incompréhensibles. Afin de calmer cet emballement, il est conseillé de respirer profondément et de marquer des temps de pause entre les phrases.

— L'un des problèmes les plus fréquents provient de répliques trop articulées : ce type de difficulté peut survenir à n'importe quel moment, dès que vous commencez à jouer. Dans la vie réelle, les gens ne parlent pas de manière parfaite, sans hésitations ni imperfections. Un dialogue trop soigné paraîtra forcé, voire rigide, et rendra l'interprétation fausse. Il y a tout d'abord une perte de spontanéité : dans un échange banal, les personnes coupent parfois leurs mots, avalent des syllabes ou parlent de manière plus relâchée. Une articulation excessive, dans un film, risque de rendre le discours mécanique, totalement éloigné du langage réel et de casser le rythme de la scène.

L'acteur se concentre davantage sur la diction plutôt que sur la sincérité des émotions ; cela finit par créer une distance avec le public. Une articulation trop travaillée semblera théâtrale à l'écran, surtout en gros plan où chaque expression du visage et chaque bruit sont amplifiés. Il faut donc trouver le bon équilibre entre une élocution compréhensible et la fluidité de la parole. Dans n'importe quel scénario, vous rencontrerez des difficultés : monologues ou tournures alambiquées. Grâce à un entraînement minutieux, vous assimilerez votre texte et le rendrez juste.

— Une autre erreur courante : les gestes excessifs peuvent vite mener au surjeu, rendant l'interprétation peu convaincante.

Le cinéma est l'art de la nuance et du détail ; des mouvements appuyés donnent à la scène un caractère forcé. Soyez sûr que le spectateur le remarquera aussitôt. Effectuer des actions simples ou utiliser un accessoire est le meilleur moyen de canaliser votre énergie.

Pour vous entraîner régulièrement, votre smartphone devient désormais un allié indispensable. Filmez-vous, puis observez chaque détail, chaque tic, chaque expression et adoptez la rigueur d'un musicien qui travaille son instrument. En vous analysant avec minutie, vous prendrez conscience des points faibles à améliorer. C'est un moyen concret de corriger un mouvement imprécis ou de mieux contrôler les dictions rapides. Dès le début de votre apprentissage, vous vous concentrerez sur ces points, car ils deviennent problématiques en casting. La caméra exige un réalisme immédiat, il est donc nécessaire de vous observer régulièrement en vidéo, d'enchaîner les prises jusqu'à acquérir les bons réflexes. C'est en procédant ainsi que vous atteindrez cette justesse des premières secondes, une qualité décisive pour obtenir un rôle.

L'entraînement aux castings

Un mot sur la nécessité de s'exercer à passer de futures auditions. Pendant de nombreuses années, j'ai proposé aux élèves acteurs cet exercice afin de voir comment travailler l'interprétation sous l'angle du casting ; je le pratique encore aujourd'hui. Chaque session débute par une répétition de la scène, suivie de quelques indications où je me glisse dans la peau d'un recruteur. Ensuite, les participants ont droit à trois prises. Cette méthode impose une concentration totale, d'autant plus qu'ils doivent prendre en compte des indications différentes à chaque fois. Dès que le premier passage est terminé, nous visionnons les images avec soin. Tour à tour, chacun découvre ses points forts, mais aussi les moments où le jeu manque de crédibilité. Cet entraînement aide à développer un œil critique et à comprendre, par soi-même, comment s'améliorer.

Un second tour face à la caméra donne au groupe l'occasion de se corriger. Le but est de tester de nouvelles options, de lâcher prise davantage ou, au contraire, de rester dans le minimalisme quand cela s'avère nécessaire. Lors de la séance suivante, nous passons à une étape plus avancée : tourner en prise directe, sans répétition. Cette fois-ci, chacun présente sa proposition avec un seul objectif : retenir l'attention dès les premiers instants. Les comédiens apprennent à travailler dans l'urgence, car sur le terrain professionnel, les conditions ne sont pas toujours optimales.

Cette phase les amène à la dernière étape : le casting sur place, où ils découvrent un texte inconnu, ont trente minutes pour le préparer, puis passent devant la caméra en direct. Même si l'exercice est exigeant, je m'efforce toujours de le rendre ludique. En conditions réelles, jouer implique de conserver une part de plaisir malgré la pression. Vous exercez un métier de passion : garder cet état d'esprit vous aidera à réduire l'appréhension en toutes circonstances.

Cette méthode, je l'applique aussi en visioconférence, avec la même rigueur. L'un des avantages de ce format à distance, c'est qu'il oblige à être encore plus concentré que dans une salle de répétition. Vous êtes seul, face à votre webcam, et c'est là que votre vrai potentiel doit ressortir. Devant l'écran, on devient plus conscient de ses gestes, de ses expressions et de la façon dont ils sont perçus à la caméra.

5 - CRÉER SON PROPRE STYLE DE JEU

« Quand je choisis un acteur, ce n'est pas simplement pour lire un rôle, c'est pour incarner un personnage avec toutes ses nuances, et parfois même, pour en révéler de nouvelles dimensions. »

Quentin Tarantino

Avec de l'expérience, vous finirez par développer votre propre style : c'est l'aboutissement de nombreuses années de pratique. Tout d'abord, vous devez parfaitement vous connaître en tant qu'acteur. Quels sont vos points forts ? Est-ce votre aptitude à exprimer une large gamme d'émotions ou votre présence physique ? Prenez également le temps d'identifier vos faiblesses : manque de concentration ? Peut-être n'allez-vous pas assez loin lorsque vous puisez dans certains sentiments et proposez trop souvent un jeu en demi-teinte, alors que certaines séquences exigent un investissement total. Ce travail d'auto-évaluation vous permettra de savoir sur quoi vous appuyer et où concentrer vos efforts dans votre progression.

Revoyez des moments importants de votre vie (positifs et négatifs), car ces ressentis vous serviront de base pour rendre vos personnages véridiques. Quelle est votre relation à la colère, à la tristesse, à la joie ? Ce sens de l'observation vous aidera à vous connecter à une variété de rôles.

Identifiez comment vous réagissez instinctivement à différentes situations. Chaque acteur possède une sensibilité unique dans sa façon de répondre aux émotions, ce qui peut devenir la marque de son jeu.

Maîtriser les bases de l'interprétation

Avant de créer votre propre style, familiarisez-vous avec les différentes méthodes dont nous avons parlé, comme celles de l'Actors Studio, Meisner, ou Chekhov. À ce stade, repérez les aspects qui résonnent en vous et vous semblent les plus naturels.

Chaque technique a ses spécificités et ne conviendra pas nécessairement à chaque acteur ni à chaque rôle. C'est pourquoi il est primordial d'en cerner les éléments qui vous semblent en phase avec votre manière de jouer. L'objectif n'est pas de se conformer strictement à une seule méthode, mais de construire un « mélange personnel » qui vous permet de tirer parti des forces de chacune d'entre elles. En expérimentant, vous découvrirez quels aspects vous permettent de travailler de manière plus fluide et proche de votre sensibilité.

Exemple : prenez un rôle dramatique, tel que celui d'une personne confrontée à une épreuve douloureuse. Vous pourriez :

- Utiliser la mémoire émotionnelle de Stanislavski pour établir une base authentique.

- Incorporer un geste psychologique de Chekhov pour saisir la nature du personnage.

- Pratiquer des exercices de répétition de Meisner pour rester réactif aux autres personnages dans la scène.

Cette fusion des techniques vous permet de jouer le rôle en intégrant divers outils afin d'obtenir un résultat puissant.

Observer des acteurs de référence

En étudiant de près des comédiens inspirants, qui maîtrisent parfaitement ces pratiques, vous élargirez votre champ des possibles. Analysez ce qui vous touche dans leur jeu, voyez comment ils travaillent et de quelle façon ils ont pu créer leur propre style.

Prenez Meryl Streep, bien connue pour son habileté à saisir la complexité émotionnelle de ses personnages. Dans *Sur la route de Madison* (1995), elle incarne une femme passionnée, et son jeu traduit une intensité intérieure mêlée de vulnérabilité, qu'elle exprime par des regards prolongés, des gestes mesurés. En revanche, dans *Le Diable s'habille en Prada* (2006), elle devient une rédactrice en chef froide et implacable, jouant avec une diction incisive, un ton de voix glacial et une posture droite et intimidante qui traduisent un contrôle absolu. Son attention aux détails du langage corporel est un autre trait distinctif de son style : chaque mouvement, chaque pause, chaque regard est calculé pour enrichir la profondeur de son interprétation. Cette façon de jouer, basée sur la transformation totale, est soutenue par une étude détaillée de chaque rôle, où elle explore les motivations, le passé et les réactions intérieures du personnage. Grâce à sa méthode rigoureuse, elle aborde tous les genres avec exactitude, ce qui fait d'elle une référence dans le cinéma mondial.

Recevoir des retours constructifs dans le but de progresser

Aucun acteur ne peut évoluer sans l'apport d'un regard extérieur. Après une répétition, demandez l'avis d'un coach. Il vous donnera une perspective globale et technique en identifiant des aspects tels que la projection vocale et la cohérence avec le personnage. Il pourrait vous dire : « J'ai senti que tu retenais trop ton émotion dans la première partie, cela a atténué l'impact de ta montée en tension. » Cette démarche vous incite à mieux prendre conscience de vos actions, en sachant qu'un retour constructif va au-delà d'un simple compliment ou d'une critique vague. Ce type de remarque peut agir comme un déclic et vous faire progresser rapidement, car vous la percevez comme un outil d'amélioration.

Les retours sont d'autant plus efficaces qu'ils se déroulent dans un cadre bienveillant, où vous vous sentez encouragé à aller de l'avant sans craindre de jugement négatif. Cette atmosphère de confiance favorise la prise de risques et vous encourage à sortir de votre zone de confort pour expérimenter de nouvelles techniques. En vous ouvrant à ce regard extérieur, vous développez une meilleure perception de votre jeu et enrichissez vos compétences.

<u>Faire évoluer son style selon les projets</u>

Chaque rôle appelle une transformation. En incarnant un personnage dans un drame historique, l'acteur doit s'immerger dans l'époque, adopter un langage qui respecte le vocabulaire, l'accent et le rythme propres à cette période. Il ne s'agit pas seulement de prononcer des mots anciens, mais de s'imprégner de la culture et de la façon de penser de ces années-là. Le ton de la voix peut être plus posé et la gestuelle plus retenue, ce qui donne au personnage une impression de venir d'un autre temps. Cette préparation amène l'acteur à transformer son corps et son esprit pour incarner le rôle de façon naturelle, comme un voyage dans le passé.

En revanche, jouer dans une comédie implique de se conformer à d'autres codes de jeu. Il faut alors s'adapter au rythme rapide et aux exagérations propres au genre. Cela demande une aisance et une souplesse d'interprétation si vous souhaitez apporter de la légèreté et saisir l'énergie caractéristique de la comédie, tout en évitant le surjeu. Malgré les exigences du rôle, l'acteur y intègre sa touche personnelle, ce qui le rend polyvalent et original.

Personnaliser chaque rôle avec votre vision artistique

Tout personnage que vous jouez représente une occasion précieuse de partager une part de vous-même. En intégrant votre « empreinte » personnelle, vous créez une interprétation qui devient reconnaissable. Réfléchissez à l'image que vous souhaitez transmettre. Voulez-vous être perçu comme puissant, vulnérable, mystérieux ou plein d'humour ? Ce choix détermine non seulement la direction de votre jeu, mais il aide également à établir une continuité dans votre style et dans la façon dont le public vous perçoit à travers vos différents rôles.

Prenez le temps d'analyser les motivations du personnage, ses conflits internes et sa transformation tout au long de l'histoire. Pensez aussi à la manière dont votre propre expérience de vie peut éclairer le jeu. En intégrant ces éléments personnels, vous incarnerez une scène qui respecte le texte et résonne avec votre sensibilité.

Imaginons que l'on vous confie le rôle de Thomas, un jeune athlète qui rêve de devenir champion de boxe. Il fait face à des obstacles, notamment des doutes sur ses capacités et la pression de sa famille.

Réflexion personnelle

Songez à des moments de votre vie où vous avez dû surmonter des épreuves ou faire face à des contraintes pour atteindre un objectif. Peut-être avez-vous dû vous battre pour réussir dans vos études, ou devenir acteur, contre l'avis de votre entourage. Ces expériences peuvent vous aider à comprendre la motivation de Thomas.

Posez-vous les bonnes questions

Qu'est-ce qui rend Thomas unique ? Peut-être a-t-il un mentor qui l'inspire, ou doit-il tenir une promesse de réussite afin de surmonter des difficultés du passé.

Comment votre personnalité peut-elle enrichir ce rôle ?

Si vous êtes quelqu'un de tenace et passionné, laissez cette force transparaître dans votre jeu. Montrez la détermination du personnage par des gestes confiants et une attitude combative. En intégrant vos propres expériences et traits de caractère dans l'interprétation, cherchez à amener une vérité à chaque scène. Par exemple, lorsqu'il se prépare pour un combat, montrez-le en train de s'entraîner intensément, en utilisant une gestuelle qui exprime à la fois la force et la vulnérabilité. Vous pourriez introduire des moments de doute, où il se parle à lui-même face au miroir afin de s'encourager.

Pensez à la manière dont il se comporte avec sa famille et ses amis. Si son père est très exigeant, montrez comment cette pression le pousse à se surpasser, mais aussi comment cela crée des tensions. Soyez sincère dans les dialogues, en laissant entendre à quel point il tient à leur approbation tout en voulant suivre son propre chemin. En personnalisant ce rôle, vous créez ainsi une connexion forte avec son parcours, et allez au-delà d'une interprétation classique.

6 - AU CŒUR DE L'ÉCRITURE

« Le casting c'est l'art de choisir les bons acteurs pour
les bons rôles et c'est ce qui peut vraiment transformer
un bon film en un grand film. »

Francis Ford Coppola

Lorsque vous vous lancez, après plusieurs années de formation, votre priorité sera de trouver vos premiers rôles — généralement dans des films d'étudiants en cinéma — afin de récupérer des images pour constituer une bande démo. Vous passerez des castings et, même s'il ne s'agit pas encore de sélections aussi stressantes que pour un long métrage ou une série, il est essentiel d'adopter dès le départ une méthode de travail que vous appliquerez à chaque nouveau rôle. Ces équipes disposent, la plupart du temps, d'un matériel de qualité professionnelle ; c'est ainsi que de nombreux comédiens effectuent leurs débuts. Attention, les expériences peuvent varier ; vous tomberez parfois sur des réalisateurs attentifs, qui savent comment parler à un comédien et lui donner des indications justes. Mais, soyons honnêtes, ce n'est pas toujours le cas. Vous rencontrerez aussi des débutants qui, par manque d'expérience ou par une concentration excessive sur l'aspect technique de la réalisation, n'ont pas encore développé ce sens du dialogue. Trop souvent, ils se disent : « C'est toi l'acteur, c'est ton travail » et vous laissent seul face à votre person-nage, sans vraiment savoir comment vous guider. C'est là que vous devez utiliser vos techniques afin de vous diriger. Cette situation, frustrante au premier abord, vous apprend à être autonome, à devenir votre propre metteur en scène. Il vous faudra trouver la bonne direction et apporter de la cohérence au personnage, le rendre émouvant, en l'ab-sence d'indications nécessaires.

Voyons à présent comment préparer une scène avec ri-gueur. Les outils que nous allons évoquer vous permet-tront de vous présenter au casting avec une proposition d'acteur, c'est-à-dire une vision de votre rôle : de la cons-truction du personnage à la manière dont vous l'interpré-terez le jour J.

Imaginons que vous ayez répondu à une annonce pour un court métrage et que l'on vous envoie un texte. Lisez le script attentivement pour saisir l'histoire, le contexte et le rôle. Ensuite, cherchez toutes les informations explicites (son passé, ses relations, ses caractéristiques physiques) et implicites (ses désirs, ses peurs, ses motivations pro-fondes). Vous commencerez par identifier ce qu'il veut et pourquoi il agit de cette manière, cernerez le moteur de ses actions et de ses comportements à chaque étape de la scène. Par exemple, un personnage peut être guidé par l'amour, la peur, ou la quête de pouvoir. En comprenant son objectif, vous donnerez une direction concrète à votre jeu.

Contrairement aux idées reçues, on n'entre pas dans la peau d'un personnage : il doit devenir vous, comme le préconise Isabelle Huppert. Les êtres humains sont remplis de paradoxes ; ils peuvent être à la fois courageux et craintifs, généreux et égoïstes, joyeux et mélancoliques. En ajoutant ces dimensions, vous rendrez votre personnage plus réaliste.

Donnez de l'ambivalence à votre rôle : évitez les stéréotypes en intégrant des contradictions ou des aspects inattendus dans son caractère. Même un individu antipathique possède des aspects attachants, c'est de cette façon que vous pouvez le rendre plus complexe. Associez des traits de caractère qui ne semblent pas aller ensemble au premier abord. Une personne peut être un leader charismatique en public, mais extrêmement timide dans sa vie privée. Posez-vous des questions sur ses désirs, ses peurs, ses ambitions. Répondre à ces interrogations contribuera à lui donner une dimension humaine. Ce procédé vous aidera à intégrer plus facilement des émotions contrastées dans des moments importants, comme un sourire au milieu de la tristesse. Si vous devez incarner un trader sans scrupules, trouvez-lui un côté attachant : la tension dramatique n'en sera que plus forte lorsqu'il révélera son vrai visage.

Le rôle semble éloigné de votre réalité ? Partez à la recherche de témoignages, regardez des documentaires, immergez-vous dans l'univers du film. Le scénario ne vous donne que des informations sommaires ? Construisez votre personnage à partir des dialogues et des indications

scéniques, faites preuve d'imagination et rendez-le crédible. Mais pour donner de l'épaisseur à votre rôle à partir
de ce que vous savez de lui, vous aurez besoin de recréer
entièrement son parcours.

Créer une biographie complète

Avant même d'apprendre une seule ligne de dialogue,
retracez les principaux moments de la vie de votre personnage, depuis ses origines jusqu'au début de la séquence
que vous travaillez. Imaginez ses rêves, ses aspirations, ses
peurs et ses failles. Visualisez-le : comment parle-t-il ?
Comment se déplace-t-il ? Songez à la façon dont le passé
influence son comportement dans la scène. Pour cela, à
l'aide de papier et d'un stylo, vous allez retracer son itinéraire. Rassurez-vous, il ne s'agit pas de noircir des pages
entières — bien que certains comédiens se prennent au jeu
et rédigent des biographies très détaillées. L'essentiel est
de noter, dans la chronologie, des faits précis et d'utiliser
votre vécu pour les rendre véridiques. En connaissant les
difficultés que votre personnage a traversées dans sa jeu-
nesse : divorce, deuil, accident, précarité, ou, au contraire,
une enfance heureuse, vous commencerez à ressentir vos
premières émotions.

Je pratique depuis des années cette préparation. Dès
que les acteurs ont créé leur biographie, ils sont filmés et
se confient longuement à la caméra, comme dans un documentaire. Ceux qui se sont investis mêlent étroitement
fiction et réalité. Je demande toujours à celui qui parle de

s'exprimer en tant que personnage. Bien souvent le résultat est troublant ; les émotions circulent et cette part du travail devient parfois plus intéressante que la scène en elle-même.

Le principe est simple : vous remontez le temps en partant de la naissance du personnage, par thèmes — origines familiales, enfance, scolarité, vie sentimentale, vie professionnelle, traits de caractère, lien avec le scénario. En retraçant les grandes lignes de ce vécu, vous reconstituez les moments clés de son existence jusqu'au début de la scène.

<u>Voici un exemple</u> :

Nom : Alexandre Dubois
Âge : 35 ans
Profession : avocat spécialisé en droit pénal
Lieu de naissance : Paris
Situation familiale : célibataire, fils unique

<u>Naissance et enfance</u> : Alexandre Dubois est né le 3 avril 1989 à Paris, dans une famille de la classe moyenne supérieure. Son père, Pierre Dubois, était médecin généraliste, tandis que sa mère, Isabelle, enseignait la littérature. Dès son plus jeune âge, il a fait preuve d'une grande curiosité intellectuelle et d'une aisance à argumenter qui impressionnait ses parents.

<u>Éducation</u> : Alexandre a fréquenté l'une des meilleures écoles privées de Paris, où il a rapidement été reconnu pour son intelligence et sa rigueur.

<u>Adolescence</u> : il a traversé une période difficile au moment du divorce de ses parents, alors qu'il avait 16 ans. Cette épreuve a forgé son caractère, le rendant plus réservé et méfiant. Plongé dans ses études, il s'est juré de ne plus jamais laisser les émotions dicter ses choix.

<u>Études supérieures</u> : après avoir obtenu son bac avec mention, Alexandre a été admis à l'Université Paris II Panthéon-Assas. Il s'est spécialisé en droit pénal, fasciné par les rouages du système judiciaire. Par la suite, il a effectué plusieurs stages dans des cabinets d'avocats réputés, se forgeant une solide réputation pour son travail acharné.

<u>Carrière</u> : à 25 ans, il a commencé dans un cabinet d'avocats parisien. Il s'est rapidement démarqué par sa maîtrise des dossiers délicats et son sang-froid lors des plaidoiries. Cinq ans plus tard, il est devenu associé. Son expertise l'a conduit à travailler sur des affaires très médiatisées, ce qui a renforcé sa réputation d'avocat talentueux et redouté.

<u>Personnalité et relations</u> : on le perçoit comme un homme réservé, presque froid, doté d'une grande rigueur professionnelle. Sa vie privée est quasi

inexistante, car il se consacre entièrement à sa carrière. Il porte encore les cicatrices du divorce de ses parents, une raison de sa difficulté à s'engager dans une relation sérieuse.

<u>Contexte avant le début de la scène</u> : Alexandre est sur le point de se lancer dans une nouvelle affaire particulièrement difficile, qui le contraindra à affronter ses propres démons.

Travailler sur la biographie d'un personnage est un exercice exigeant, souvent sous-estimé par de nombreux acteurs. Beaucoup se contentent de survoler cette étape, se limitant à des anecdotes superficielles qui n'apportent aucune profondeur au rôle. Pour créer un personnage réaliste, il est indispensable de sortir de sa zone de confort. Il ne s'agit pas seulement de raconter l'histoire du protagoniste, mais de se connecter à votre propre souffrance, à vos échecs et à vos espoirs, au risque de réveiller d'anciennes blessures pour les transposer dans le contexte d'une scène.

Effectuez ce travail à partir de chaque nouvelle scène : le personnage s'exprime avec votre voix, vos mots, votre ressenti. Lorsque vous aborderez la partie dialoguée, face à la caméra, vous serez déjà dans un état particulier, au plus près de sentiments réels. Si vous avez conçu une biographie avant un casting, cela fera une vraie différence avec le candidat lambda qui se sera contenté d'apprendre son texte.

Une fois que vous possédez une vision générale de votre rôle, vous pouvez développer ses traits de personnalité. Est-il extraverti ou introverti ? A-t-il confiance en lui ou est-il en proie au doute ? Créez une palette d'émotions qui définiront le personnage et auront un impact, non seulement sur son comportement, mais aussi sur le ton de sa voix. Ensuite, réfléchissez à la façon dont il se comporte physiquement. Sa façon de marcher, de se tenir ou de parler en dit long sur lui. Un personnage confiant adoptera une démarche assurée, tandis qu'un anxieux laissera transparaître sa nervosité. Soyez attentif à l'intonation, au rythme et au volume de la voix : la façon dont il s'exprime reflète son état d'esprit.

Identifier les émotions du personnage

À chaque scène, analysez dans le texte quels sont ses états émotionnels. Pour cela, une action ou un dialogue serviront de repères. Vous verrez alors comment aller de la joie à la tension, puis monter en crescendo jusqu'à la colère. Prenez toujours votre temps, pour qu'il y ait une transition naturelle d'un sentiment à un autre. Sur une séquence de deux pages, vous traverserez probablement trois ou quatre moments distincts. Pendant les répétitions, vous apprendrez à passer d'un état intériorisé à une tension maximale.

Pour repérer les différentes émotions dans un texte, voici quelques étapes à suivre :

- Observez la situation dans laquelle se trouve le personnage. Quelles sont les circonstances ? Les événements qui se déroulent dans la séquence et dans l'histoire globale ont toujours un impact direct sur son état émotionnel.

- Les dialogues donnent des indices clairs sur ce qu'il éprouve, non seulement à travers ce qu'il dit, mais aussi par la manière dont il le dit.

- Cernez les échanges entre les protagonistes (conflit, affection, jalousie, etc.), car ils influencent leurs réactions. Demandez-vous comment vous vous sentiriez dans la même situation. Cette démarche vous permettra de mieux saisir les réactions susceptibles de surgir spontanément.

- Le ton de la scène (léger ou dramatique) va également indiquer les sentiments dominants. En tournant les pages du script, vous ressentez une progression, car les émotions ne restent jamais statiques : elles montent, changent ou se transforment au gré des événements.

Travailler n'importe quel type de texte

Dans l'étape suivante de votre préparation, vous vous concentrerez sur la partie dramaturgie. Pour interpréter une séquence avec brio, il est essentiel de comprendre la construction d'un scénario. La structure en trois actes reste un modèle narratif largement utilisé dans de nombreux films.

Ce schéma se divise en trois grandes parties :

Acte 1 : exposition et incident déclencheur. Cette partie introduit le contexte et les personnages.

Acte 2 : développement. Ici, les conflits prennent de l'ampleur.

Acte 3 : climax et résolution. Les tensions trouvent leur conclusion.

Chaque acte pose les jalons nécessaires pour comprendre de quelle façon progresser au fil des scènes. Si vous souhaitez approfondir votre analyse d'un scénario, je vous recommande un ouvrage comme *Story* de Robert McKee. Ce livre est une véritable référence, il vous donnera les outils qui vous aideront à repérer les points de bascule, les moments clés qui modifient le cours de l'histoire. Prenons l'exemple de *Biutiful* d'Alejandro González Iñárritu (2010), et voyons comment s'articule la trame d'un long métrage.

Acte I : exposition et incident déclencheur

Exposition : Uxbal est un père de famille vivant à Barcelone, impliqué dans diverses activités illégales pour subvenir aux besoins de ses enfants, Ana et Mateo. Le film montre le quotidien dans les quartiers marginalisés de Barcelone, ainsi que les difficultés économiques et sociales des protagonistes. Uxbal a une relation compliquée avec son ex-femme, Marambra, qui est bipolaire et incapable de s'occuper des deux petits. Son frère Tito, avec qui il travaille, est souvent source de conflits.

Incident déclencheur : Uxbal découvre qu'il est atteint d'un cancer en phase terminale. Il doit alors affronter sa propre mortalité et mettre ses affaires en ordre avant sa disparition.

Acte II : développement et confrontation

Développement : Uxbal essaie de gérer les crises avec Marambra, qui se montre de plus en plus instable. Il cherche des solutions pour assurer l'avenir de ses enfants, allant jusqu'à demander à son frère Tito de mettre de l'argent de côté en leur nom. Uxbal, impliqué dans le logement de travailleurs clandestins chinois, décide d'améliorer leurs conditions en installant des chauffages bon marché. Malheureusement, ces appareils défectueux provoquent l'asphyxie et la mort tragique de plusieurs sans-papiers.

Acte III : climax et résolution

La découverte des corps est un moment de crise dévastatrice qui amplifie la culpabilité et la détresse d'Uxbal. Physiquement affaibli par le cancer, il cherche à rester fort pour Ana et Mateo.

<u>Climax</u> : dans un état de semi-conscience, Uxbal a une vision onirique de lui-même avec son père décédé. Tous deux se rencontrent au beau milieu d'une forêt enneigée.

<u>Résolution</u> : Uxbal trouve une forme de paix intérieure et accepte son destin dans l'espoir que ses enfants connaîtront une vie meilleure.

Comprendre la construction d'une scène

La plupart du temps, un directeur de casting vous fournira des séquences de deux à trois pages. Nous allons examiner de plus près la manière dont un texte est construit. Ce principe s'applique à tous les genres, qu'il s'agisse de drame, de comédie ou de thriller. Un long métrage d'une heure trente est composé d'une centaine de séquences, chacune d'elles possédant également :

- Une exposition

- Un incident déclencheur

- Un basculement

- Un climax

- Une résolution

Dès la première lecture, repérez <u>l'exposition</u>. Rien ne se passe encore à ce stade, mais le protagoniste se trouve dans un état particulier : angoisse, agressivité, bonne humeur, etc.

L'incident déclencheur lance le conflit : un événement va obliger votre personnage à agir pour atteindre un objectif.

Le basculement amènera la situation vers une nouvelle direction.

Le climax représente le point culminant de la séquence, où la tension dramatique atteint son paroxysme.

La scène s'achève par une résolution : la caméra s'attarde sur une réaction, une réflexion, un éclat de rire ou un regard.

Penchons-nous sur un autre exemple.

Pitch : Lucie, jeune institutrice célibataire, suit des cours de conduite. Fred, son moniteur, froid et psychorigide, est tombé secrètement amoureux d'elle. Les événements se compliquent lorsqu'un nouveau petit ami la dépose devant l'auto-école. Fred l'aperçoit. Il en ressent une vive douleur ; dès lors, la leçon devient conflictuelle.

Exposition : *Lucie adresse un signe de la main en direction de son boyfriend, puis rejoint Fred.*

Lucie

Il y a mon copain dehors, il vient avec nous (*Fred blêmit*). Mais non, je plaisante.

Fred devient agressif.

Fred

Concentrez-vous, l'examen est dans quinze jours. Il y a des moments où vous avez la tête ailleurs, et là ça devient dangereux ! C'est quand même bien de respecter les règles, merde ! Allez, on y va !

<u>Incident déclencheur</u> : *Lucie refuse de poursuivre la leçon.*

Lucie

J'ai pas envie. Pas dans ces conditions-là. Ça suffit comme ça. Vous vous calmez.

Fred

Bon, qu'est-ce qu'on fait ? On arrête pour aujourd'hui ?

Lucie

Je ne veux plus de leçons avec vous, c'est terminé !

Fred

Ok, très bien. Je vous ramène.

Lucie

Non, c'est moi qui vais conduire. Vous êtes bien trop énervé.

Fred

Vous allez m'empêcher de prendre le volant ?

Basculement : *elle se saisit des clés de voiture posées sur le bureau.*

Fred

Lucie, rendez-moi les clés. C'est ma voiture !

Lucie

Hors de question.

Fred

Pour la dernière fois, donnez-moi ces clés !

Il s'emporte et tente de les récupérer de force.

Lucie

Me touchez pas ! Vous êtes dingue ? (*Elle cherche à lui échapper dans une situation tragi-comique.*) Vous voulez que j'appelle les flics ? On se calme, OK ?

Fred réalise qu'il est allé trop loin.

Lucie

Faut vous faire soigner !

Fred

Pas de condescendance, hein ! Depuis le début, vous êtes condescendante. À quoi vous jouez avec moi ? Vous n'arrêtez pas de rigoler, de me frôler, de m'allumer. Vous vous êtes bien foutue de ma gueule !

Elle est émue par sa détresse.

Lucie

Écoutez, on discute cinq minutes, si vous voulez, et je vous rendrais vos clés.

Il va s'asseoir, visiblement blessé.

Lucie

Je ne voulais pas vous faire de mal.

Long silence.

Fred

Même heure, la semaine prochaine ?

<u>Climax</u> : *sourire embarrassé, elle se sent mal à l'idée de refuser.*

Lucie

Non, je ne préfère pas. Prenez soin de vous.

Résolution : *Fred encaisse le coup. Lucie quitte l'auto-école, sachant qu'ils ne se reverront plus.*

Maîtriser chaque partie de votre séquence

Pour bien interpréter une scène, lisez-la à voix haute ; c'est le meilleur moyen de vous familiariser avec le vocabulaire, la syntaxe, le rythme et l'intonation. Ensuite, divisez le texte en sections distinctes et attribuez une émotion à chaque partie.

- Exposition : Lucie joyeuse s'exprime avec entrain.

- Incident déclencheur : la réaction de Fred la refroidit.

- Basculement : la colère monte, les mots sortent avec énergie.

- Climax : Lucie est touchée par la détresse de Fred.

- Résolution : il comprend que ses chances avec Lucie sont définitivement perdues.

Ce schéma fonctionne pour n'importe quel genre, qu'il s'agisse d'un drame ou d'une comédie. À chaque nouvelle scène, identifiez sa construction : avec un peu de pratique, cela deviendra un automatisme. C'est une façon efficace de comprendre rapidement un texte, de le découper en plusieurs segments en suivant l'enchaînement naturel des émotions.

Si vous indiquez les points de structure sur votre document, vous créez une partition sans vous enfermer dans un carcan. Cette rigueur vous donne une vraie liberté créative : vous pouvez improviser tout en sachant exactement à quoi correspond chaque partie du texte. Suivez ce schéma avec précision et la séquence gardera toute sa force ; vous parlerez simplement avec vos propres mots. C'est un exercice que je pratique toujours en atelier et en visioconférence.

Interpréter un monologue

Considérez un monologue comme une scène solo comprenant aussi une exposition, un incident déclencheur, un basculement, un climax et une résolution. Découpez le texte en fragments, identifiez les mots-clés et les répliques importantes, puis attribuez une émotion distincte à chaque section.

Exemple : un patron de PME, qui s'ennuie dans sa vie, va tomber sous le charme d'une personne de condition modeste.

Philippe : « J'étais seul, isolé dans mon bureau. Je ne voulais pas qu'on me dérange. J'avais un gros contrat à étudier. Soudain, alors que je me dirigeais vers la cafétéria pour me préparer un expresso, j'ai vu la femme de ménage dans le couloir. Elle marchait en sens inverse.

Au lieu de continuer mon chemin, je me suis retourné pour la regarder. Elle avait les yeux baissés comme toujours, mais je me suis approché d'elle. J'ai ressenti une émotion incontrôlable. C'était comme de l'admiration pour cette femme si discrète et pourtant si forte. Il y a eu une sorte de déclic. Il fallait qu'elle relève la tête, qu'elle goûte enfin au bonheur et à l'amour — un amour inconditionnel. Tout ce dont elle avait été privée jusqu'à présent.

J'ai réalisé que ma vie n'était pas grand-chose, malgré mon fric et mon épouse, qui passait ses journées à le dépenser. Je me retrouvais face à cette femme de ménage, un trésor caché juste sous mon nez. J'étais déterminé à faire enfin quelque chose : la prendre dans mes bras et l'emmener loin. »

Vous voyez que le principe est le même :

Il y a un incident déclencheur lorsque Philippe aperçoit la femme.

Un basculement au moment de sa prise de conscience.

Un climax : il est prêt à tout abandonner pour elle.

Vous pouvez donner une couleur émotionnelle distincte à chaque paragraphe afin d'éviter une lecture monocorde.

Astuce pratique : échauffez-vous avant de commencer. Si vous attaquez votre monologue sans préparation, il y a de fortes chances que ce soit artificiel. Entraînez-vous d'abord à partir d'une courte improvisation. Vous pouvez raconter une anecdote sur le passé de votre personnage, puis enchaîner avec le texte de façon à ce que les répliques conservent le naturel du langage parlé.

Se concentrer avant de tourner : les outils utiles

L'objectif de séquence : c'est ce que votre personnage cherche à accomplir dans une scène donnée. Comprendre cet objectif vous aide à orienter votre interprétation, en donnant du sens à chaque réplique et geste. Il s'agit de savoir ce que votre personnage espère obtenir des autres ou de la situation, comme convaincre, séduire, manipuler ou fuir. En définissant ce but, vous ancrez votre jeu dans une motivation claire, rendant vos choix d'interprétation plus crédibles.

Le passé immédiat désigne une action qui s'est déroulée juste avant la scène. Il vous aide à plonger dans une émotion particulière au moment de jouer. Ce passé peut être indiqué dans le scénario ou créé par votre imagination. Si la scène concerne une dispute avec votre épouse, souvenez-vous d'une tension ressentie une heure plus tôt.

Le passé récent ou lointain fait référence à un événement survenu il y a quelques semaines, quelques mois, voire plus longtemps. Il a laissé une empreinte durable sur le personnage. Pensez à Monte-Cristo (2024), où le passé du personnage alimente sa soif de vengeance.

Utilisez ces outils pour amener de la profondeur à votre rôle. Ils vous serviront à trouver une bonne concentration lors d'un casting, si le trac s'empare de vous. En situation de tournage, ils vous aideront à garder une ligne conductrice, particulièrement si les séquences sont filmées en dehors de la chronologie.

7 - SE PRÉPARER
POUR UN CASTING

« Le choix des acteurs est presque plus important que la réalisation. Si l'acteur est juste, il transporte tout le film avec lui. »

François Truffaut

Une fois que vous maîtrisez les techniques de scénario, vous pourrez approfondir votre personnage avec chaque texte reçu pour une audition.

La plupart du temps, on ne vous fournira pas le script en entier — sauf pour certains courts métrages —, mais seulement une ou deux pages de la continuité dialoguée, accompagnées d'un résumé de la situation. Il n'est pas aisé, dans ces conditions, de préparer un texte sans réellement savoir ce qui se passe avant et après. Vous devrez vous appuyer sur les éléments dont vous disposez, ce qui signifie les maîtriser parfaitement. Lisez-le plusieurs fois afin de vous inspirer du ton et de l'atmosphère du film. À ce stade, il importe de visualiser la scène dans ces moindres détails.

Tout personnage agit pour une raison. Même si cela n'est pas évident au premier abord, chaque action est motivée par un désir ou un besoin, conscient ou inconscient.

Pour enrichir votre point de vue sur le personnage, posez-vous les questions suivantes :

- Quels sont les objectifs immédiats et à long terme du protagoniste ?

- Quelles sont ses craintes, ses désirs, ses regrets ?

- Analysez les relations de votre personnage avec les autres, vous y verrez les dynamiques de pouvoir, de confiance ou de tension qui influencent ses choix.

- Vous devez comprendre ce qu'il veut obtenir dans la scène ; cette clarté donnera du sens à chaque geste et réplique.

- Observez la façon dont un personnage parle : son rythme, ses hésitations peuvent révéler sa personnalité. Vous vous exercerez ensuite à lui donner une manière de s'exprimer en puisant dans vos propres sentiments.

En identifiant ces éléments, vous pourrez commencer à construire une version plus riche et plus personnelle du rôle.

Découvrir le sous-texte et les intentions cachées

Votre personnage peut dire quelque chose, mais ressentir ou penser l'opposé. Pour une interprétation convaincante, vous devez comprendre ce qu'il éprouve vraiment derrière ses répliques. À chaque moment, demandez-vous :

- Que vit-il réellement ?
- Pourquoi dit-il cela ?
- Quelle est l'intention derrière chaque dialogue ?

Jouer les sous-entendus apporte une dimension supplémentaire et enrichit l'interprétation.

Vos choix doivent être en cohérence avec le texte, mais aussi avec votre vision du rôle. Plus votre proposition sera réfléchie, plus elle sera convaincante. Toutefois, assurez-vous d'apporter une touche d'originalité tout en restant ouvert aux suggestions.

La proposition d'acteur

Vous avez conçu une biographie et maîtrisez désormais la construction d'une séquence : ces deux étapes sont essentielles pour votre proposition d'acteur. Trouvez ensuite un angle d'interprétation et définissez votre point de vue sur le personnage. Imaginez que l'on vous envoie une scène se déroulant pendant la Seconde Guerre mondiale et que vous auditionnez pour le rôle de l'épouse d'un résistant. Vous vous familiariserez avec les principaux événements du conflit, les dates importantes, ainsi que leurs causes et conséquences. Documentez-vous sur la vie quotidienne de l'époque : comment s'habiller, parler et apporter du réalisme ? Même si ce n'est qu'un casting, ce souci du détail vous différenciera des autres candidats. Une fois ces éléments bien assimilés, relisez le texte, mais cette fois en cherchant à comprendre ce que vous pouvez apporter de plus.

Laisser place à l'imprévu et à l'instinct

Une scène peut se transformer de manière inattendue en fonction de l'ambiance ou des indications du recruteur. Avant de vous présenter à une audition, n'hésitez pas à explorer différentes façons de l'aborder :

- Plus émotionnelle : en mettant en avant la sensibilité du personnage.

- Plus rationnelle : en minimisant les émotions et en vous concentrant sur les faits.

- Plus décontractée ou plus tendue : essayez plusieurs registres.

Grâce à ces tentatives, déterminez la direction la plus adaptée et découvrez ainsi des possibilités de jeu que vous n'aviez pas envisagées au départ.

Trouver un élément clé pour ancrer le personnage

Un élément clé — un geste ou une attitude — servira de base à votre interprétation. Songez à une manière de marcher ou à une émotion qui revient sans cesse. En utilisant cet « ancrage », vous maintenez la constance de votre interprétation. Vincent Cassel, dans *La Haine* (1995), a adopté une démarche agressive et nerveuse, toujours sur le qui-vive ; il transmet l'énergie contenue et la frustration de son personnage. Cet ancrage physique, combiné à des regards menaçants, renforce le climat de tension dans le film.

Préparer sa mise en scène avant un casting

Une fois votre check-list de préparation effectuée, vous pourrez faire vos choix de mise en scène pour le jour de l'audition. Songez à l'interprétation de la séquence, c'est un élément fondamental de votre proposition. Il faudra faire preuve de créativité et régler votre mise en scène avec rigueur, dans le but de savoir exactement ce que vous allez accomplir face au recruteur.

Même si le lieu du rendez-vous se limite à une salle de répétition, prenez le temps de visualiser le décor du film où se déroule véritablement la scène. Cette projection mentale vous aidera à vous plonger davantage dans l'univers du personnage et à enrichir votre jeu, malgré l'environnement minimaliste. Visualisez l'espace et comment l'utiliser : s'asseoir, se lever, marcher. Y a-t-il des entrées ou sorties de champ ? Choisissez, en fonction du texte, comment les réaliser de façon fluide. Répétez plusieurs fois de suite, en réglant ce qui vous semble perfectible. Vos décisions doivent être simples et bien définies. Mémorisez les déplacements, une façon de prononcer une réplique importante ou d'accomplir une action. En ayant une réelle connaissance de cette mise en scène, vous gagnerez en légitimité le jour de l'audition.

Voici les différents aspects que vous devez régler :

Compréhension des enjeux

Analysez votre texte avec une attention minutieuse : il faut comprendre l'objectif de la séquence, les relations entre les personnages et le développement des émotions.

Préparation des intentions et des actions

Vous associerez votre objectif de séquence à des actions concrètes. Si votre personnage veut apaiser un conflit, choisissez des gestes doux et ouverts. Cependant, en cas de confrontation, les mouvements seront plus fermés et tendus.

Exploration de l'espace

Le jeu doit être précis et épuré. Chaque déplacement aura une raison d'être, en accord avec les émotions du personnage. Se mouvoir sans but affaiblit l'impact de la scène.

Travailler sur l'écoute

Même en vous entraînant seul, vous serez capable de réagir avec justesse à chaque réplique. Apportez une attention minutieuse, y compris aux dialogues que vous connaissez déjà, afin de rendre vos réponses instinctives.

L'écoute ne se limite pas à un simple échange de mots. Vous montrerez par vos regards et vos gestes que vous êtes pleinement connecté à la scène.

Régler les transitions émotionnelles

Chaque séquence possède des transitions émotionnelles. Repérez ces instants de changement (doute, colère, retournement de situation) et assurez-vous qu'ils sont bien visibles dans votre jeu.

Travailler la subtilité

Vos réactions doivent rester naturelles, avec des émotions qui circulent sans rendre la performance trop visible.

Gérer deux espaces simultanément

Dans certaines scènes, l'action se situe dans deux endroits différents. Il faut alors faire preuve d'imagination pour gérer l'espace et trouver une solution satisfaisante en casting.

Voyons l'exemple suivant :

Claire et son mari ont décidé de s'accorder une pause après quinze ans de vie commune. Elle espérait que ce break leur offrirait une seconde chance, mais découvre qu'il la trompe avec une femme plus jeune. Folle de rage, elle accepte, par dépit, d'accompagner Pierre au théâtre, un collègue qui la courtise depuis plusieurs mois. La scène se déroule, avant la représentation, dans l'appartement de ce dernier, où Claire ne parvient pas à calmer une colère qui la consume. Elle tente de faire bonne figure en prenant l'apéritif avec Pierre, mais finit par s'isoler dans le couloir, bien décidée à régler ses comptes avec son ex au téléphone.

L'actrice qui se présentera à l'audition devra donc interpréter ces deux actions dans un seul espace. On peut imaginer qu'elle reste assise lors de la conversation avec son hôte, puis se lève et effectue quelques pas, comme si elle changeait de lieu, avant de laisser la fureur l'envahir lorsqu'elle téléphone à son ancien conjoint. La scène repose sur le principe du comique de répétition : la candidate effectuera des allers-retours entre les deux espaces, emportée dans un véritable ascenseur émotionnel.

Contrairement à une self-tape, où vous pouvez multiplier les prises jusqu'à obtenir celle qui vous convient, lors d'un casting, vous disposez de très peu de temps pour convaincre. En ayant réglé chaque détail de votre jeu en amont, vous vous appuierez sur votre proposition avec assurance.

Interprétation : commencez par la neutralité

Lorsque vous entamez vos premières répétitions, gardez en tête ce que nous avons évoqué dans un chapitre précédent : l'importance de la neutralité au début de votre scène. Cela signifie démarrer dans la nuance, le temps de vous positionner sur de bons rails. La façon dont vous prononcerez les premiers mots est déterminante. Au moindre problème d'articulation, le directeur de casting percevra alors l'acteur plutôt que le personnage.

À maintes reprises, je l'ai constaté : dès que l'on confie un texte à un comédien, il y a de fortes chances qu'il perde en justesse. On entend trop souvent les dialogues, ce qui crée un effet de fausseté. C'est une étape que je retarde autant que possible, préférant travailler longuement sur le personnage, le faire improviser, le laisser s'exprimer avant d'aborder la scène. Cet échauffement permet une transition plus douce vers l'interprétation des dialogues. Vous devrez éviter ce problème récurrent : la sur-articulation donne l'impression que vous vous concentrez davantage sur la forme (la diction) que sur le fond (les intentions). Commencer la scène avec une attitude neutre permet au texte de respirer et atténue les excès qui nuisent à la justesse du jeu.

Évitez de tomber dans l'excès inverse, en avalant vos mots ou en négligeant la précision. L'enjeu est donc de trouver le juste équilibre entre la technique et le réalisme. Une bonne articulation est indispensable pour que chaque mot soit intelligible, mais elle doit s'intégrer naturellement à votre jeu, sans paraître forcée. Cela nécessite une maîtrise de la diction, où chaque mot est net sans être exagéré. La technique devient ainsi un soutien discret à la justesse.

Que porter lors d'une audition ?

Votre costume évoquera le rôle joué, qu'il s'agisse d'un cadre supérieur, d'un loubard ou d'un noble du XIXe siècle. Choisissez des couleurs neutres et des vêtements dans lesquels vous vous sentez à l'aise. Votre tenue ne doit pas vous dissimuler, évitez donc les pulls amples ou les robes trop larges. Le directeur de casting a besoin de voir votre silhouette et de vous imaginer dans différentes scènes du script.

Un choix judicieux offre la possibilité de mieux se connecter à ses émotions. C'est aussi un atout majeur lorsque le recruteur vous reçoit : il adhérera plus facilement à vos propositions. Dans sa self-tape, Claire Foy, retenue pour incarner Élisabeth II dans la série *The Crown*, portait une simple robe blanche, suffisamment neutre et hors des modes pour qu'on puisse l'imaginer en souveraine.

Une tenue adaptée à votre personnage

Le style vestimentaire est un aspect à ne pas négliger dans votre préparation, car il contribue à l'impact du rôle. C'est un atout majeur lorsque l'on vous découvre vêtu avec recherche, sachant que la première impression joue en votre faveur. Quel que soit le personnage, privilégiez un ensemble qui correspond à son quotidien (par exemple, un costume pour un cadre, des vêtements de sport pour un athlète).

Concernant les chaussures, que vous optiez pour des baskets décontractées, des mocassins élégants ou des escarpins, restez cohérent dans vos décisions. Entraînez-vous si vous n'êtes pas habituée à porter certains modèles, comme des talons hauts pour un rôle de femme sophistiquée. La meilleure stratégie consiste à venir aux essais avec les vêtements que le personnage porterait dans sa vie quotidienne.

Soignez votre maquillage

Lors d'un casting ou d'une self-tape, le maquillage vous mettra en valeur tout en restant discret. Utilisez un fond de teint léger et un correcteur pour camoufler les cernes ou petites imperfections, sans surcharger. Si votre peau brille sous les projecteurs, une poudre matifie les zones sensibles comme le front, le nez et le menton.

Les actrices choisissent un maquillage léger pour les yeux, préférant des tons neutres aux couleurs vives qui pourraient détourner l'attention. Un fard à paupières beige ou brun clair, accompagné d'un trait fin d'eyeliner ou de crayon, suffit à définir le regard. Des sourcils soignés ont leur importance dans l'expression du visage : utilisez un crayon ou une poudre pour combler légèrement les zones clairsemées et définir la forme, tout en gardant un aspect naturel. Il est souhaitable d'éviter un rouge vif ou un brillant à lèvres prononcé, sauf si le rôle l'exige.

De nombreux films adoptent une approche avec un maquillage minimal pour renforcer le réalisme des personnages. Dans *Fish Tank* d'Andrea Arnold (2009), la protagoniste, Mia, interprétée par Katie Jarvis, est présentée sans artifices. Ce choix renforce l'aspect brut et naturaliste du film. Vous devez donc tenir compte de l'univers où votre personnage s'inscrit en utilisant le maquillage le plus adapté.

Choisir les accessoires utiles

Si vous voulez donner plus de vie à la scène, intégrez des accessoires : une montre élégante pour un homme d'affaires, des lunettes pour un étudiant, en évitant tout ce qui serait trop ostentatoire. Un smartphone, un journal ou une bouteille d'eau peuvent amener plus de vraisemblance, à condition de ne pas distraire votre jeu. Essayez-les lors des répétitions en sachant exactement à quels moments vous en servir, afin d'éviter toute surprise le jour du casting.

Exemple : tenue pour personnage d'avocat

- Costume sombre bien ajusté (noir, gris ou bleu marine).

- Chemise blanche ou claire.

- Cravate sobre.

- Chaussures de ville.

Accessoires :

- Montre élégante.

- Porte-documents (optionnel).

La caméra filme votre buste et votre visage ; l'apparence correspond parfaitement à celle d'un avocat.

Je demande systématiquement aux acteurs de peaufiner leur proposition et leur look avant un atelier. Ceux qui s'investissent en soignant leur apparence et en choisissant un costume approprié captent l'attention dès le premier coup d'œil.

L'allure fait également toute la différence lors d'un coaching en self-tape. Je me souviens d'une actrice avec qui j'ai longtemps travaillé, et qui avait ce talent pour trouver la bonne tenue, le maquillage et ses accessoires. Son sens du détail rendait chaque apparition à l'écran particulièrement réussie. À l'occasion d'une scène de thriller, elle avait opté pour un maquillage pâle et une coiffure en chignon, maintenue par une fine tige. Ce qui fonctionnait à l'image, c'était sa façon de jouer avec cet accessoire : elle le faisait tourner délicatement entre ses doigts, sa voix diminuait, et son regard fixait un partenaire invisible avec intensité. Petit à petit, elle laissait naître une tension palpable, jusqu'à devenir inquiétante. En comédie, elle se métamorphosait en femme élégante, plus vraie que nature. Ce n'était plus une élève, mais un personnage de fiction. Ce type de candidature attire l'œil du directeur de casting, qui verra tout de suite une personne ayant pensé son rôle dans les moindres détails.

Prenez, vous aussi, le temps de jouer avec votre apparence, de voir comment un simple changement de coiffure ou l'utilisation d'un accessoire peut transformer votre présence. Vous serez surpris de découvrir à quel point cela enrichit votre jeu.

Répéter et se filmer

Se filmer avec un smartphone facilite les progrès avant de passer devant le directeur de casting. Voici en détail les bénéfices et l'utilité de cette pratique :

Prendre conscience de ses gestes et de son maintien

- Après quelques prises de vues, observez-vous avec attention. Voyez si certains mouvements sont trop amples, trop nerveux ou répétitifs, ou au contraire, si le corps manque de vie.

- Vérifiez comment vous utilisez l'espace et corrigez les éventuels excès ou insuffisances.

- Contrôlez l'espace dans le cadre, en restant bien centré. Veillez à ce que vos déplacements et gestes restent maîtrisés et dans le champ.

- La direction du regard : vérifiez où poser vos yeux pour rester en connexion avec votre partenaire imaginaire ou la caméra, et éviter les coups d'œil fuyants.

Renforcez votre confiance

En visionnant vos répétitions, vous constatez vos progrès et gagnez en assurance. Vous vous rendez au casting en connaissant ce qui fonctionne le mieux, ce faisant, vous réduisez une partie du stress et pouvez vous concentrer sur l'instant présent, sans vous demander si votre jeu passe bien à la caméra. Cette préparation témoigne d'une réelle compréhension du personnage et de la scène, ce qui crée une différence entre un jeu correct et une interprétation de qualité. Ce niveau d'engagement passe rarement inaperçu aux yeux des directeurs de casting.

8 - DÉVELOPPEZ VOTRE VISIBILITÉ

« Trouver le bon acteur pour un rôle est comme trouver une aiguille dans une botte de foin, mais quand vous le trouvez c'est magique. »

Steven Spielberg

Quel acteur êtes-vous ?

Vous avez maintenant acquis une certaine expérience et souhaitez franchir un nouveau cap. Le moment est venu de vous faire connaître auprès des professionnels du milieu. Vous acquerrez une vision claire de l'acteur que vous êtes, en tenant compte de votre présence, votre voix, votre sensibilité, ainsi que toutes les qualités qui vous différencient de vos concurrents. Les archétypes de personnages sont nombreux : le jeune premier, le timide, la femme fatale, le cynique, et bien d'autres. Alors, quel est votre emploi ? Ce terme désigne les types de rôles pour lesquels vous êtes le plus crédible, en fonction de votre physique et de votre expérience. Maîtriser un registre précis vous aide à cibler en priorité les auditions qui vous correspondent le mieux. Cependant, cela ne signifie pas que vous devez vous limiter à un seul type de rôle. Un bon acteur sait se diversifier tout en étant conscient de ses points forts. Si certains sont régulièrement choisis pour des personnages bien définis, d'autres surprennent en se réinventant. Il faudra vous adapter tout en mettant en avant vos atouts.

Prenons l'exemple de Hervé Hague, que j'ai accompagné à ses débuts. Son parcours est atypique : énarque de formation, il a quitté la haute fonction publique pour devenir acteur. Avec son apparence élégante, il peut interpréter des patrons ou des individus d'un certain standing, mais il a su se tourner vers des figures à l'opposé. Dans *Parc Avenue* (2013), un court métrage produit par Acte 1 et présenté à Cannes, au Short Film Corner, il interprète un chômeur totalement paumé avec humour et tendresse. Ce qui le distingue ? Sa capacité à jouer des personnages éloignés de lui, avec un goût prononcé pour le défi.

Les recruteurs ont tendance à classer les artistes selon des stéréotypes dictés par le marché. Cependant, le cinéma d'auteur offre plus de liberté. Dans ce type de productions, les réalisateurs sont plus enclins à prendre des risques, à choisir des contre-emplois ou à explorer des personnages plus singuliers. Un acteur habitué aux registres comiques peut se voir confier un rôle dramatique, à l'instar de grands noms du cinéma, tels que Coluche dans *Tchao Pantin* (1983). Il s'agit de bien cerner votre emploi tout en étant prêt à sortir de votre zone de confort afin de saisir des occasions inattendues. Dans un métier en constante évolution, il ne suffit plus d'attendre que les rôles viennent à vous : il faut aller les chercher. Et pour cela, une présence professionnelle sur Internet est indispensable.

Créer un dossier d'acteur convaincant

La première étape consiste à concevoir votre dossier d'acteur. Il réunit les éléments clés de votre parcours : photos professionnelles, bande démo, CV artistique, et extraits de presse, le cas échéant. C'est une vitrine qui donne l'occasion aux directeurs de casting, réalisateurs et agents de juger rapidement vos compétences. Un bon dossier, complet et mis à jour de façon régulière, est nécessaire pour être pris au sérieux dans votre recherche de rôles.

Lorsque vous rédigez un CV, ayez une approche honnête et une présentation soignée, sans tomber dans le piège de la surenchère. Si vous débutez, mettez l'accent sur vos premières expériences concrètes.

- Nom et coordonnées : en haut du CV, inscrivez clairement votre nom, votre numéro de téléphone, votre adresse e-mail professionnelle et, si vous en avez une, l'adresse de votre site Internet ou de vos réseaux sociaux.

- Formation : mentionnez tous vos enseignements liés au théâtre ou au cinéma, y compris les ateliers ou les stages.

- Expérience : valorisez les points forts de votre parcours, les rôles que vous avez déjà interprétés.

- Compétences : indiquez vos aptitudes physiques (danse, sports, arts martiaux), vos langues parlées ou vos talents spécifiques (chant, musique, accents, etc.).

- Touche personnelle : en plus des informations standard, insérez une courte biographie ou une phrase d'accroche qui résume votre motivation à devenir acteur. Cela humanise votre CV et aide le directeur de casting à mieux comprendre votre personnalité.

Des photos qui vous ressemblent

Investissez dans des portraits professionnels appelés headshots. Ces photos en plan rapproché doivent vous représenter tel que vous êtes aujourd'hui. Un directeur de casting percevra facilement l'étendue de vos expressions. Optez pour des vêtements simples et classiques ; de cette façon, votre visage restera le point central. Une robe élégante, un jean décontracté, un polo ou une chemise constituent des valeurs sûres. Évitez les motifs trop chargés ou les couleurs vives qui risquent de distraire le recruteur.

Choisissez une coiffure qui vous correspond et adaptez-la aux types de rôles que vous ciblez. Par exemple, une actrice pourra détacher ses cheveux, les ramener en chignon, essayer plusieurs styles. Elle montrera ainsi une aisance à modifier son apparence.

Sur cinq ou six portraits, variez les expressions : souriant, mystérieux ou plus sombre, et adoptez des poses naturelles en toute spontanéité. Un décor intérieur bien éclairé, ou un extérieur avec un léger flou d'arrière-plan, apportera une dimension professionnelle à vos clichés.

Faire appel à un photographe expérimenté dans les headshots offre de nombreux avantages. Il comprend les attentes des directeurs de casting et sait comment collaborer avec les acteurs. De plus, il se chargera des retouches, garantissant ainsi des images de qualité.

La bande démo : votre meilleur atout

Une vidéo de présentation est indispensable pour accéder aux auditions. Il s'agit d'une compilation de vos meilleures scènes — durée : une à trois minutes — destinée à mettre en valeur vos qualités de jeu. Vous y intégrerez des extraits de courts métrages, puis, avec le temps, des scènes de films, téléfilms ou séries. Si vous ne possédez pas d'images, utilisez le système D : tournez un monologue avec votre smartphone. Sélectionnez un texte qui vous correspond, entre une et deux minutes, dans lequel vous montrerez l'étendue de votre jeu en alternant les temps forts et les moments intimistes. N'hésitez pas à tourner plusieurs prises jusqu'à obtenir une version satisfaisante. Vous pourrez envoyer cette vidéo à des directeurs de casting ou la partager sur vos réseaux sociaux.

Assemblez vos images vous-même

Après avoir participé à des courts métrages de plus en plus ambitieux, vous obtiendrez des séquences dont vous serez fier. Ce sera alors le moment de concevoir votre première bande démo. Aujourd'hui, de nombreux acteurs utilisent des logiciels de montage. Ils assemblent différents projets : teasers (films ou spectacles), vidéos pour leur chaîne YouTube et, bien sûr, ils actualisent leur démo en récupérant de nouveaux extraits. Il existe un large choix d'applications comme iMovie, OpenShot et la version gratuite de DaVinci Resolve. Pour un usage fréquent, Adobe Première est un excellent outil via un abonnement mensuel.

N'insérez pas vos meilleurs extraits en dernier

Mettez-vous à la place d'un directeur de casting : il recherche avant tout une interprétation authentique et de l'émotion. Ce sont les critères essentiels à retenir lors de votre sélection d'images. Donnez la priorité aux situations avec un fort enjeu dramatique, où les intentions de chaque personnage sont rapidement perceptibles.

Beaucoup de bandes démos ne retiennent pas l'attention, car elles sont composées de scènes trop banales et stéréotypées. Ces séquences se limitent à des sentiments de surface, sans proposer de véritables enjeux ni de moments forts. Pour contourner ce problème, un acteur doit réfléchir à des situations qui sortent de l'ordinaire, dans un laps de temps très court. Plutôt que de choisir une simple dispute, mieux vaut un conflit où le personnage lutte contre une décision déchirante, comme celle de trahir un ami pour protéger un secret.

Si vous créez vos propres scènes, utiliser des extraits de films connus n'est pas la meilleure option. En rejouant une séquence célèbre, comme celle de *La Haine* avec Vincent Cassel, vous vous mesurez à une interprétation de référence, ce qui peut se retourner contre vous. Afin d'éviter ce problème, préférez des textes originaux ou alors inspirez-vous d'un long métrage en transformant le contexte et le personnage. Choisissez des extraits qui vous correspondent et privilégiez des passages où l'enjeu est clair dès les premières secondes.

Avant l'assemblage, prenez le temps de visionner vos rushes entiers, en cherchant ces moments où l'action et les dialogues s'équilibrent parfaitement, sans temps morts. Dans chacun de vos extraits, l'émotion doit être facilement identifiable. Assurez-vous d'être au centre de l'attention de chaque scène. On doit vous voir jouer et entendre vos répliques sur des fragments suffisamment longs ; c'est le seul moyen d'apprécier votre jeu. Les directeurs de casting souhaitent découvrir comment vous passez d'un sentiment à un autre et de quelle façon vous utilisez les nuances. Évitez les montages trop rapides qui laissent entrevoir uniquement des bribes de phrases. Ce genre de découpage donne l'impression que vous vous dissimulez derrière une structure trop fragmentée. Si certaines scènes intègrent un partenaire, faites en sorte que sa présence à l'image soit limitée à une brève apparition. Ce qui compte, c'est vous et vous seul.

Pour obtenir un impact immédiat, insérez l'un de vos meilleurs extraits au début. Il est impératif de convaincre dès l'ouverture de la démo : vous devez être perçu comme un professionnel ayant une expérience concrète de la caméra, même si vous avez encore peu tourné. Présenter une scène où vous donnez la réplique à un acteur connu confère immédiatement de la légitimité à votre travail et capte l'attention des directeurs de casting. Cependant, quelle que soit la qualité de vos rushes, concluez par une séquence qui laisse une impression forte, car la dernière image est aussi déterminante que la première.

Voici quelques exemples de scènes originales qui pourraient rendre une bande démo plus percutante et mettre en valeur la richesse des émotions :

Introduction : (5-10 secondes)

Visuel : une photo professionnelle avec votre prénom et votre nom en bas de l'écran.

Scène 1 : dramatique (30-40 secondes)

Un extrait de court métrage où vous incarnez un personnage dont l'un des proches a été victime d'une agression, avec un passage de la stupeur à la colère. Vous montrez ainsi votre habileté à gérer des situations dramatiques.

Scène 2 : comédie (30-40 secondes)

Une séquence de sitcom où vous interprétez un personnage maladroit. Pendant un rendez-vous avec une jeune femme, vous vous révélez être un piètre séducteur. On appréciera votre facilité à jouer dans des scènes légères.

Scène 3 : action/thriller (30-40 secondes)

Un extrait où vous incarnez un inspecteur en train de poursuivre un suspect. Il comporte un bref combat ou un affrontement violent. C'est une autre corde à votre arc : vous faites preuve d'expérience lors d'une séquence physique.

Scène 4 : drame psychologique (30 secondes)

Enfin, l'une de vos meilleures scènes : un personnage retourne dans sa ville natale et avoue à un proche qu'il est parti pour une raison plus profonde que celle qu'il avait donnée (problèmes personnels, dépression, etc.). Un moment de révélation entre sourire et larmes.

Conclusion : (10-15 secondes)

Visuel : carton de générique final avec votre nom, prénom, e-mail et numéro de téléphone.

Faire appel à un monteur professionnel

Vous ne souhaitez pas concevoir votre bande démo seul ? Recherchez un technicien ayant de l'expérience dans la création de ce type de format. Avant de commencer, proposez-lui un plan de montage si vous avez une idée précise de l'ordre des extraits. Ce document facilitera la communication entre vous. Il est rare qu'un premier bout-à-bout soit parfait du premier coup. Demandez des versions intermédiaires dans l'optique d'effectuer des rectifications. Vous pourrez alors faire couper des parties superflues, réarranger des scènes ou améliorer les transitions entre les segments. Soyez ouvert aux suggestions de votre monteur, son rôle est de proposer des solutions créatives qui rendront la démo plus percutante. Ensuite, validez l'assemblage final, s'il répond à vos attentes. Vous pourrez également bénéficier d'options comme l'étalonnage, le mixage, l'incrustation des titres et la mise en ligne sur vos réseaux sociaux.

Les erreurs à éviter sur votre bande démo

- Durée excessive : les directeurs de casting visionnent de nombreuses vidéos de présentation chaque jour. Ne dépassez pas deux minutes trente, si vous voulez éviter le risque que la vôtre soit regardée en accéléré ou interrompue en plein milieu. Considérez-la comme une bande-annonce de film où chaque seconde compte.

- Mauvaise qualité vidéo ou audio : n'utilisez pas d'extraits techniquement médiocres. Une séquence contenant des défauts mineurs, comme un visage surexposé ou une saturation du son, même sur une seule réplique, altère l'impact de votre démo.

- Sélection de scènes inintéressantes : ne choisissez pas de situations faibles sous prétexte que vous manquez d'images. Il est préférable de raccourcir le montage et d'insérer des rushes où votre jeu est mis en valeur.

- Contrechamp trop long : le temps à l'écran de votre partenaire n'excédera pas quelques secondes. Vous devez rester le centre d'attention dans chaque nouvel extrait.

- Linéarité : variez les genres en alternant entre des moments légers et des scènes de vif conflit. Pour chaque partie de votre bande démo, gardez à l'esprit l'importance de maintenir l'intérêt du spectateur.

- Contenu daté : évitez d'inclure des séquences trop anciennes qui ne reflètent plus votre apparence actuelle. Des extraits récents éviteront toute déception si, peu de temps après l'envoi de votre fichier vidéo, vous rencontrez un directeur de casting.

Une forte présence dans chaque plan est déterminante. Le recruteur cherchera à découvrir vos atouts et ce qui vous différencie d'autres candidats. Il vous envisagera, ou non, dans le rôle à distribuer en tenant compte de votre physique, de votre énergie et de votre charisme à l'écran. Dès le début de l'audition, il estimera vos chances d'être rappelé pour un second tour (call back).

Concevez votre vitrine en ligne

Aujourd'hui, posséder un site web est indispensable pour tout comédien. C'est votre carte de visite en ligne, un espace où vous pouvez mettre en valeur vos photos, votre CV artistique, votre bande démo, ainsi que des articles de presse et des références de vos projets précédents. Ajoutez des enregistrements de voix off et des liens vers vos réseaux sociaux ; vous donnerez ainsi un aperçu complet de vos compétences. Choisissez une plateforme comme WordPress ou Wix, intuitives et faciles à utiliser, même sans connaissances techniques. Trouvez ensuite un nom de domaine qui vous correspond, tel que nomacteur.com. Il peut également faire référence à votre activité. Cette présence sur Internet reflète votre personnalité et l'image que vous souhaitez véhiculer.

- Sur la page d'accueil, proposez une photo professionnelle accompagnée d'une courte présentation. En quelques lignes, mettez en avant votre passion pour le métier, vos objectifs et ce que vous apportez en tant qu'acteur.

- Créez une section « Biographie » où vous parlerez de votre formation, de vos inspirations et de vos premiers rôles.

- Ajoutez une page « CV » en mentionnant vos stages, ateliers et toute expérience artistique que vous avez vécue.

- Sur une autre page, insérez votre bande démo, celle que les recruteurs visiteront certainement en priorité.

- Créez un onglet « Informations casting » où vous indiquez vos caractéristiques physiques : taille, poids, couleur des yeux, mensurations.

- Ajoutez une section « Théâtre/Cinéma » pour présenter vos vidéos : extraits de scènes, courts métrages, monologues, etc.

- Terminez avec une page « Contact ». Par souci de professionnalisme, il est souhaitable d'avoir une adresse mail dédiée à votre activité. Proposez un formulaire simple afin que l'on puisse vous joindre facilement.

Dans le but d'optimiser le référencement, choisissez des mots-clés stratégiques en lien avec votre profil : « comédien Paris », « acteur dramatique », « talent voix-off », ou encore « acteur bilingue ». Ces mots-clés, bien placés dans les descriptions de votre site, vous aideront à apparaître plus facilement dans les résultats des moteurs de recherche. En parallèle, il est tout aussi important de connecter votre site à vos réseaux sociaux : Instagram, LinkedIn ou YouTube.

De la même manière, utilisez ces plateformes afin de renforcer votre présence en ligne et attirer l'attention sur votre travail. Publiez régulièrement des extraits de votre bande démo, des photos de tournage, votre actualité ou des projets à venir. Ce choix mettra en valeur non seulement votre évolution, mais aussi votre capacité à rester connecté avec votre public et les recruteurs potentiels. N'oubliez jamais d'inclure un lien direct vers votre page web professionnelle, afin que les visiteurs puissent en savoir plus sur vos services, consulter votre dossier complet ou vous contacter facilement en vue de nouveaux projets.

9 - COURTS MÉTRAGES :
ACCÉDEZ AUX RÔLES

« Quand je fais un casting, je cherche des acteurs qui vivent le personnage, non pas comme des marionnettes, mais comme des êtres humains qui partagent une histoire avec moi et avec le public. »

Pedro Almodóvar

Que ce soit pour perfectionner son jeu, enrichir son CV ou se constituer une bande démo, les courts métrages représentent une étape incontournable dans un parcours d'acteur. Les réalisateurs qui débutent sont également à la recherche de nouveaux talents.

Trouver des castings de courts métrages

Il existe de nombreuses plateformes spécialisées dans la publication de petites annonces, qu'il s'agisse de productions étudiantes, indépendantes ou professionnelles. Un site comme cineaste.org offre un accès pratique aux propositions de rôles dans toute la France. Les réseaux sociaux, comme Facebook, regorgent de groupes dédiés aux castings. De même, les écoles de cinéma, telles que la FE-

MIS ou l'ESRA, sont régulièrement à la recherche d'acteurs pour leurs projets de fin d'études. Chaque rôle, aussi petit soit-il, vous offre la possibilité d'explorer de nouvelles facettes de votre talent. Vous expérimenterez différents genres, du drame à la comédie. C'est également un espace où vous pouvez prendre davantage de risques, car les contraintes financières et les attentes y sont moins élevées que dans des productions classiques. Enchaîner les films contribue à construire votre réseau professionnel. Sur un plateau, vous êtes en contact avec des réalisateurs, des directeurs de la photographie, des ingénieurs du son et d'autres acteurs avec qui vous pouvez collaborer par la suite.

Les films courts constituent un tremplin idéal pour attirer l'attention des directeurs de casting. Les plus aboutis sont sélectionnés dans des festivals de renom et obtiennent parfois une diffusion à la télévision. De nombreux artistes, aujourd'hui célèbres, ont commencé leur carrière en travaillant sur ce format. Ainsi, François Ozon s'est fait connaître grâce à *Une robe d'été* (1996). Jean-Pierre Jeunet a réalisé *Foutaises* (1989). Ce film lui a ouvert la voie vers des projets plus ambitieux, notamment Delicatessen (1991), qui a propulsé sa carrière. En 1991, Arnaud Desplechin a tourné *La Vie des morts*, un moyen-métrage devenu une véritable rampe de lancement pour des acteurs tels qu'Emmanuelle Devos, Thibault de Montalembert ou encore Marianne Denicourt.

Ne négligez pas la figuration

La figuration est une option à envisager, et bien que tourner de façon anonyme puisse sembler secondaire, c'est une expérience formatrice qui vous donnera l'occasion de faire vos premiers pas sur les plateaux. Vous rencontrerez des acteurs, des réalisateurs, des assistants de production qui, à l'avenir, sont susceptibles de vous rappeler pour des projets plus importants. De plus, en tant que figurant, vous avez la possibilité d'apparaître dans différents types de productions : films, séries, publicités. Certains parviennent même à obtenir un rôle de « figurant valorisé », où une petite réplique leur est attribuée : une occasion d'évoluer vers des rôles parlants plus significatifs.

De nombreux sites Internet, ainsi que des groupes Facebook, mettent couramment en ligne des annonces de figuration. Le même principe s'applique sur Instagram, où vous pouvez utiliser des hashtags comme #castingfrance, #figuration ou #castingpourfiguration. En tant que figurant, vous aurez la chance de voir des comédiens expérimentés en pleine action. Observez attentivement leur technique, leur préparation avant une scène, ainsi que leur façon de collaborer avec le réalisateur et l'équipe. C'est un atout qui vous donne l'occasion d'en apprendre davantage sur votre métier.

Rechercher des annonces de castings

Maintenant que votre bande démo est prête, il est temps de passer à l'étape décisive : la recherche de rôles. Trouver des annonces sérieuses peut s'avérer être un véritable parcours du combattant, surtout pour les débutants. Vous devrez faire preuve de persévérance et savoir où prospecter. Rejoindre des groupes dédiés aux castings sur Facebook constitue une première étape, car de nombreuses annonces y sont diffusées chaque jour. Cependant, soyez vigilant : ces espaces ne sont pas régulés, et l'on y trouve des projets de qualité inégale ou des offres frauduleuses. Il est donc conseillé de vérifier l'identité des personnes publiant ces propositions, de consulter leurs vidéos en ligne et de vous informer sur leur crédibilité dans le milieu.

Certains sites web proposent une vaste sélection d'annonces concernant divers types de projets : films, séries, publicités, clips, théâtre. Pour éviter les déconvenues, privilégiez les plateformes reconnues comme <u>Nawak</u> ou <u>Movifax</u>. Cette dernière est réservée aux comédiens professionnels qui, moyennant une adhésion annuelle, vous donne accès à un réseau communautaire de qualité, où les offres sont vérifiées.

Dans le but d'obtenir des informations fiables, appuyez-vous sur le réseau que vous avez commencé à construire durant votre formation. Les relations avec ce premier cercle, ou avec des professionnels rencontrés lors de stages et d'ateliers, seront très utiles. Certains amis acteurs peuvent parfois vous informer sur des projets sérieux, des castings intéressants ou de vous mettre en contact avec un recruteur qu'ils connaissent. N'hésitez donc pas à échanger et à partager vos propres découvertes. À plusieurs occasions, vous décrocherez un rôle grâce au bouche-à-oreille ou à une recommandation personnelle, plutôt qu'en répondant à une annonce publique.

En combinant ces différentes sources — plateformes professionnelles, réseaux sociaux et contacts privés —, vous augmentez vos chances de postuler à des auditions.

10 - APPROCHER LES PROS DU CASTING

« Pour moi, le casting est tout. Une fois que vous avez le bon acteur, il n'y a plus grand-chose à diriger, si ce n'est de donner la liberté nécessaire pour explorer le personnage. »

Stanley Kubrick

Si votre réseau ne vous donne pas accès aux recruteurs, essayez d'autres méthodes pour vos premières démarches. Vous partez de zéro et ne connaissez personne dans le milieu, commencez par étudier les génériques de films et séries dans le but d'identifier les professionnels que vous aimeriez rencontrer. Concentrez-vous sur les premiers films ou le cinéma indépendant : des catégories où vous aurez plus de chances de trouver des rôles qui vous correspondent.

Les formations dirigées par des directeurs de casting

Participer à une masterclass ou s'entraîner avec un pro expérimenté attire naturellement de nombreux comédiens. Pendant plusieurs années, Acte 1 a eu la chance de collaborer avec David El Hakim, un directeur de casting reconnu, ayant travaillé sur de nombreux films avec des réalisateurs de renom tels que Mathieu Kassovitz ou Michael Haneke. David a souvent montré que, bien au-delà de la simple technique, c'est la recherche de vérité dans l'émotion qui prime. Le fait de « jouer » ne suffit pas. Il faut savoir incarner un personnage de manière convaincante dès que la caméra tourne.

Ces stages intensifs vous plongent directement dans l'univers du casting : de l'analyse approfondie du personnage à la réalisation d'une self-tape, vous explorez chaque étape. C'est un moyen efficace de comprendre pourquoi un recruteur privilégie une interprétation plutôt qu'une autre. Comment évalue-t-il la sincérité d'un acteur dans une scène difficile ? Toutes ces questions sont abordées et mises en pratique au fil des séances. Vous participerez à des simulations en conditions réelles et recevrez des retours directs, souvent constructifs. Certains exercices vous placent face à des défis inattendus, comme jouer une scène dramatique où vous devez enchaîner plusieurs émotions successives sans préparation préalable.

Il est fréquent de travailler avec différents directeurs de casting au cours d'un même stage, vous serez ainsi confronté à des méthodes variées. Cependant, il serait vain de trop attendre de ces sessions, surtout si vous faites vos premiers pas dans le métier. Voyez-y avant tout une occasion de développer votre réseau en rencontrant des figures influentes du milieu, et de repartir avec des outils concrets en vue de vos prochains castings.

Festivals et rencontres cinématographiques

Malgré l'importance des réseaux sociaux, un acteur a besoin de sortir et de se faire connaître. Fréquentez les festivals : on en compte près de six cents en France. La plupart des grandes villes possèdent le leur. C'est une stratégie efficace qui vous aidera à entrer en contact avec des professionnels. Commencez par ceux dédiés aux films courts, tels que Paris Courts Devant ou Côté Court à Pantin. Ces événements annuels servent de vitrine à de nouveaux réalisateurs et mettent en avant des productions audacieuses. Vous avez aussi la possibilité de vous rendre à Clermont-Ferrand ou au Short Film Corner pendant le Festival de Cannes, où une plateforme offre la possibilité aux distributeurs, agents de vente, programmateurs et autres professionnels de réseauter.

Canneseries et Séries Mania, à Lille, sont les deux grands festivals consacrés aux séries télévisées. En y participant, vous aurez l'occasion d'assister à des projections exclusives, mais aussi à des conférences et masterclasses animées par des professionnels du secteur. Ces événements sont parfaits pour découvrir les tendances actuelles, en apprendre plus sur les coulisses de la création de séries et poser des questions aux experts. C'est également une opportunité de rencontrer des réalisateurs, scénaristes et directeurs de casting. Ces moments d'échanges vous permettront de discuter directement avec eux et, peut-être, de décrocher des contacts pour de futurs projets.

Les événements de networking rassemblent le milieu du cinéma, notamment aux Rencontres de l'ARP, organisées chaque mois par la Société des Auteurs Réalisateurs Producteurs. Au Grand Rex et à la Cinémathèque Française, vous pourrez découvrir des rétrospectives et des avant-premières. Collectez les cartes de visite des professionnels qui vous intéressent et suivez-les sur les réseaux sociaux. Consultez le site de l'ARDA (Association des Responsables de Distribution Artistique), qui regorge d'informations sur les festivals et les sorties de films. Un trombinoscope vous donnera la possibilité d'identifier les principaux directeurs de casting. C'est un bon moyen de sélectionner ceux que vous souhaitez contacter.

Tirez parti des réseaux sociaux

Sur LinkedIn, Instagram ou Facebook, vous avez la possibilité de consulter les profils des recruteurs, de suivre leurs publications et de les joindre directement. La plupart d'entre eux partagent des appels à candidatures : suivre leurs comptes est un bon moyen de rester à l'affût de nouvelles annonces.

Créez votre profil

Veillez d'abord à construire un profil attrayant sur chacune de ces plateformes. Choisissez une photo qui vous représente fidèlement, accompagnez-la d'un descriptif concis de votre expérience ainsi que de vos objectifs. Rédigez une courte biographie qui met en avant vos expériences et compétences. Mentionnez les genres dans lesquels vous souhaitez travailler, vos aspirations, ainsi que des liens vers votre bande démo ou des articles de presse. Cette démarche offre aux directeurs de casting un aperçu de votre savoir-faire.

Engagez-vous

Dès que votre page de profil est prête, abonnez-vous à celles des professionnels. Réagissez à leurs publications en laissant des commentaires ou en partageant leur contenu. Sur les réseaux, participez aux discussions en vous engageant dans des groupes liés au cinéma, posez des questions et partagez vos expériences ; ce sera un moyen utile de vous faire connaître et d'établir des relations.

Création de contenus

Publiez avec régularité des extraits où l'on vous voit jouer, que ce soit des monologues ou des scènes de films. En ajoutant plusieurs posts par semaine, devenez le narrateur de votre activité. Concevez des vidéos, des stories où vous montrez des moments de votre quotidien, vos réflexions sur le métier, ou des conseils pour d'autres artistes. Cela humanise votre profil et vous rend plus accessible.

Réseautage et collaborations

Le moment est venu d'entrer en contact avec des directeurs de casting, mais avant de vous adresser à l'un d'entre eux, il est recommandé de vous renseigner sur son parcours, les projets sur lesquels il a collaboré, et les types de comédiens avec qui il travaille. Envoyez-lui ensuite un message personnalisé ; s'il accepte votre connexion, engagez la conversation sans demander un rendez-vous tout de suite. À ce stade, ne précipitez rien. N'hésitez pas à solliciter des conseils ou à vous renseigner sur ses projets. Il est important d'être ouvert et de manifester un intérêt sincère pour son travail.

Une fois que la relation est établie, faites-lui parvenir votre dossier artistique comprenant votre CV, vos photos, votre bande démo ou un lien vers votre site d'acteur. S'il est intéressé, proposez une rencontre pour discuter en détail de votre possible collaboration sur ses projets. Les résultats ne seront pas immédiats : il y aura des périodes creuses où vos efforts sembleront inutiles, mais en continuant à renforcer votre présence en ligne, vous finirez par attirer l'attention des bonnes personnes.

En parallèle, coopérez avec d'autres acteurs, réalisateurs ou scénaristes que vous rencontrez sur les réseaux. Une fois que vous avez identifié des créateurs qui correspondent à vos centres d'intérêt, proposez-leur des idées de projets communs, tels que des courts métrages, des pièces de théâtre, des web-séries ou des lectures de scénarios. Si vous avez des compétences particulières, comme la réalisation, l'écriture ou le montage, offrez de partager vos talents en échange d'autres services. Par exemple, proposez de jouer dans un court métrage en échange d'une participation à un atelier d'écriture animé par un auteur. C'est un moyen de renforcer vos relations et d'ouvrir la porte à de nouvelles perspectives.

Bâtir un réseau solide, partager votre passion et rester actif en ligne demande une stratégie à long terme ; bien maîtrisée, elle peut devenir un tremplin pour décrocher des engagements, établir des contacts avec des recruteurs et faire progresser votre carrière.

Travailler avec un agent

Avant tout, prenez le temps d'explorer le monde des agences pour trouver celle qui vous correspond. Chacune possède sa personnalité et ses domaines de prédilection : Artmédia, UBBA, Cinéart, et Time Art se concentrent, chacune à sa manière, sur des secteurs variés, comme le cinéma, le théâtre, la télévision ou la publicité. En vérifiant quels acteurs elles représentent et les types de projets auxquels elles participent, vous aurez une idée précise des opportunités qu'elles offrent. Par exemple, si vous rêvez de la scène et du prestige des théâtres français, Time Art, grâce à ses liens étroits avec les compagnies, pourrait être un allié précieux.

Pour postuler, préparez un dossier qui vous représente fidèlement. Plutôt que de multiplier les envois génériques, adressez-vous à chaque agent de façon personnalisée en expliquant pourquoi vous souhaitez le rencontrer. Exprimez vos objectifs, votre vision et en quoi il pourrait être le partenaire idéal. Nombreux sont ceux qui reçoivent des candidatures chaque jour, alors soyez concis et efficace dans votre message.

Si un entretien se profile, mettez en avant votre polyvalence : les agents aiment savoir que vous êtes capable de vous adapter à des genres variés. Préparez-vous à parler de vos choix de carrière, des rôles qui vous inspirent, et demandez-lui comment il imagine accompagner votre développement. Ce premier échange est l'occasion de bâtir les bases d'une relation de confiance.

Une fois représenté, votre engagement ne fait que commencer. Soyez disponible, prêt à répondre aux propositions de castings qui se présenteront. Communiquez régulièrement avec votre agent sur vos projets en cours, vos nouvelles compétences et vos progrès, mais gardez en tête que cette collaboration demande patience et persévérance. Les périodes sans travail existent, même pour les acteurs chevronnés. Utilisez ces moments pour perfectionner votre jeu, cultiver votre réseau et renforcer votre présence en ligne. Cette relation, patiemment développée, deviendra un vrai tremplin, ouvrant des portes insoupçonnées pour votre carrière.

11 - LES SELF-TAPES

*« Le casting est le mariage parfait entre la vision du ré-
alisateur et le talent des acteurs. »*

Guillermo del Toro

Un exercice que redoutent les acteurs

Les self-tapes permettent de postuler sans bouger de
chez soi et vous donnent un contrôle total sur votre enregistrement. Cependant, réaliser un essai filmé exige de
concilier l'interprétation avec les aspects techniques de la
prise de vue. Beaucoup d'acteurs sont inégaux dans la façon de tourner une vidéo. Il y a ceux qui ont pris cela au
sérieux dès le départ : ils ont investi dans un kit de matériel léger ; appareil photo hybride ou smartphone de qualité, micro, éclairage, pour quelques centaines d'euros. De
plus, ils se sont formés sur le tas grâce à des tutoriels sur
YouTube. Ils ont acquis des compétences en prise de vue,
en son, en montage. Dès qu'une demande de self-tape
tombe, ils transforment leur appartement en studio de
tournage. Et puis, il y a ceux qui angoissent à l'idée de
brancher un micro, simplement parce que la technique ne
les intéresse pas. Pire encore, l'idée de se diriger seuls les
décourage avant même d'avoir lu une seule ligne de texte.
Pourtant, dans les deux cas de figure, on trouve de bons

comédiens qui méritent d'avoir des rôles. L'objectif de ce chapitre est de permettre à chacun de réaliser une self-tape de qualité, selon ses moyens et ses compétences.

En misant sur le long terme, vous vous équiperez en fonction de la fréquence des propositions. Si vous tournez des self-tapes régulièrement, il est souhaitable d'investir dans un matériel de base à moindre coût. Il faut donc relativiser les questions techniques : plus vous tournerez de vidéos, plus elles seront qualitatives. Un comédien qui sait se préparer et jouer une scène avec sincérité aura toujours plus de chances de réussite, même avec un smartphone basique et un éclairage naturel, qu'un autre — très équipé — mais dont la méthode de travail se limite au strict minimum. Aujourd'hui, nos téléphones sont de véritables outils de production portatifs. Avec un iPhone ou un Android récent, vous pouvez filmer en Full HD, voire en 4K, ce qui permet de produire des vidéos de qualité exceptionnelle. Utilisez des applications gratuites comme Filmic Pro ou Open Camera : elles vous aideront à maîtriser chaque aspect de vos enregistrements. La résolution de votre caméra intégrée devra être d'au moins 1080p. En vous munissant d'un trépied, vous éviterez les tremblements et obtiendrez une image de qualité.

Naturellement, vos qualités d'acteur priment, mais vous devrez également parvenir à tourner une vidéo de bonne qualité en faisant appel à quelques connaissances et au système D.

Configurer son espace de tournage

Votre objectif est de créer une self-tape avec un rendu technique irréprochable. La première étape consiste à choisir l'espace idéal pour vous filmer.

L'importance de la lumière

Cet endroit doit être suffisamment calme et bien éclairé, avec un arrière-plan simple qui ne distrait pas. La lumière naturelle sera votre meilleure alliée ; recherchez une pièce avec une grande fenêtre qui laisse entrer une luminosité douce et diffuse. Attention aux contre-jours : assurez-vous que l'éclairage vienne de face ou légèrement de côté. Cette nuisance se produit lorsque la source (le soleil, un projecteur, etc.) se trouve directement derrière vous, créant une silhouette sombre et des zones trop lumineuses. Positionnez-vous face à la fenêtre, mais à une distance suffisante pour éviter d'être surexposé.

Pour l'arrière-plan, privilégiez un mur uni, idéalement de couleur neutre (blanc, beige, gris clair). S'il est encombré ou décoré, essayez de le dégager autant que possible, car un fond trop chargé pourrait détourner l'attention du directeur de casting. Si vous n'avez pas de fond neutre, vous pouvez accrocher un drap de couleur claire pour créer un arrière-plan simple et épuré.

En filmant le soir ou par mauvais temps, vous améliorerez l'éclairage avec quelques objets du quotidien, sans avoir à investir dans du matériel coûteux. Utilisez des lampes de bureau, de chevet ou même des appliques de salon pour recréer une lumière douce. Placez-les de manière à éclairer votre visage de façon homogène, en les positionnant à environ 45 degrés de chaque côté, ce qui minimisera les ombres. Si la lumière est trop forte ou crée des contrastes visibles, placez un filtre pour l'adoucir. Évitez de mélanger lumières naturelles et artificielles : mieux vaut choisir l'une ou l'autre. Si vous investissez dans du matériel, préférez une softbox ou un ring light avec une température de couleur de 5600K pour un rendu équilibré.

Le son : faites-vous entendre

L'audio joue un rôle capital dans la réussite de votre self-tape. Un texte doit être parfaitement audible, surtout lorsque vous travaillez sur des scripts exigeants ou des monologues. Afin d'obtenir une qualité optimale, plusieurs aspects doivent être pris en compte, notamment l'environnement de tournage, l'équipement utilisé et la manière dont vous ajustez votre voix en fonction de la prise de son. La première règle est de trouver un endroit aussi silencieux que possible. Évitez les pièces mal isolées ou susceptibles de provoquer de l'écho, comme les grandes salles vides ou celles avec trop de surfaces réfléchissantes (carrelage, vitres). Si possible, optez pour un espace équipé de meubles, de rideaux et de tapis, car ces éléments absorbent le son et réduisent la réverbération.

- Isolation sonore : fermez les portes et les fenêtres pour minimiser les bruits extérieurs (circulation, oiseaux, voisins). Si vous vivez dans un cadre bruyant, tournez à des heures où l'activité est moindre (tôt le matin ou tard le soir).

- Bruits de fond : les appareils ménagers, même silencieux, créent des nuisances. Avant de commencer l'enregistrement, pensez à éteindre tout dispositif susceptible de produire du bruit de fond : climatiseurs, ventilateurs, réfrigérateurs ou même ordinateurs. Le moindre bourdonnement risque d'altérer la clarté de votre voix.

Utiliser un micro externe

La prise de son de votre smartphone sera certainement insuffisante. Il est donc conseillé d'investir dans un micro externe ou un micro-cravate filaire pour améliorer la qualité audio. Assurez-vous de la distance du capteur sonore avant de filmer : ni trop éloigné ni trop proche de votre bouche. Si vous utilisez un micro-cravate, placez-le à environ 15-20 cm sous votre menton.

- Micro-cravate : ce modèle est idéal pour une captation sonore claire de la voix, sans enregistrer les bruits environnants. Assurez-vous qu'il ne frotte pas contre vos vêtements lorsque vous bougez. Cette catégorie de micro est parfaite pour des scènes statiques ou des monologues en plan rapproché.

- Micro directionnel : si vous êtes debout et que vous avez plus de liberté de mouvement, un micro directionnel peut être placé hors champ, pointé vers votre bouche afin de capter un son net et précis. Ces micros saisissent principalement les sons venant de la direction vers laquelle ils sont orientés, réduisant ainsi les bruits de fond.

Avant de commencer l'enregistrement, effectuez quelques tests pour éviter toute mauvaise surprise. Cela vous permet de régler les niveaux sonores, la distance du micro et de vérifier la qualité générale de l'audio. S'il est placé trop près, votre voix risque de saturer, rendant certains passages inaudibles ; trop loin, elle paraîtra faible ou étouffée. Adaptez votre intonation à la position du micro. Si vous devez crier ou parler fort, testez cette partie du texte pour éviter toute distorsion. Dans une scène où vous murmurez, veillez à ce que votre voix soit toujours enregistrée avec précision.

Exemple :

Assis au calme dans votre salon, avec le micro-cravate discrètement fixé sur votre chemise, vous commencez votre monologue : le son est net, sans aucun bruit parasite.

Debout dans une pièce devant un fond neutre, le micro directionnel se trouve hors champ, pointé vers votre bouche. Vous récitez le texte ; le son est riche et sans écho.

Votre kit de tournage

Appareils photo numériques :

- Sony Alpha ZV-E10 : autofocus et écran orientable.
- Panasonic Lumix G100 : compact et léger.
- Canon EOS M100 : abordable et facile à utiliser.

    Smartphones :

- iPhone 11 : modèle ancien et plus abordable, il filme des vidéos 4K à 60 ips. Ou tout autre modèle IOS ou Android récent.

Éclairage :

- Neewer 700W Professional : softbox pour portraits photo et vidéo.
- Neewer Ring Light : anneau de lumière LED 48 cm.

Son :

- Röde SmartLavPlus : micro-cravate filaire pour smartphone.
- Zoom IQ7 : micro stéréo pour iPhone.
- Micro Röde Videomic ME : micro directionnel pour Android.

- Micro Röde Videomic Pro : micro super cardioïde pour DSLR et caméscope.

Cadre et composition

Plan moyen : ajustez le cadrage de sorte que votre visage et vos épaules soient bien visibles.

Marge d'air : laissez un peu d'espace au-dessus de votre tête, vous éviterez un cadre trop étroit.

Marques de position : grâce à des repères au sol, vous restez bien positionné tout au long de la prise.

La présentation face à la caméra

Chaque self-tape nécessite un slate : c'est une introduction courte, purement informative, qui précède la séquence. En quelques mots, indiquez votre nom complet, celui du personnage ainsi que le titre du projet. Parlez à un rythme modéré en contrôlant votre articulation.

Vous pouvez tourner le slate de deux manières :

— Slate séparé : filmez-le d'abord et coupez. Il figurera sur un fichier à part.

— Slate intégré : présentez-vous brièvement, marquez une courte pause, puis enchaînez avec la scène. Pour passer du rôle de speaker à celui de comédien, dirigez votre regard sur le côté de la caméra, là où se trouve votre partenaire.

La difficulté de s'auto-diriger

Revenons à la partie préparation de votre self-tape, car même si la part de réglages techniques va vous prendre un certain temps, vous commencerez un travail classique de construction de personnage avant de tourner. En premier lieu, examinez attentivement les consignes fournies. Les demandes d'un directeur de casting nécessitent parfois un véritable tour de force en termes d'interprétation et de technique.

Voici le type de mail reçu par un comédien :

Rôle : HOMME 50 - 65 ans pour une publicité

Tenue : faire une proposition en fonction de votre personnage (description ci-dessous). Merci de rester brut, comme dans la vie de tous les jours, pas de jeu sophistiqué. Soyez naturel !

— 1re vidéo : faites une proposition par rapport au texte de votre personnage. Ce qui nous intéresse surtout, ce sont les intentions de jeu, les sourires, les regards, etc. Vous pouvez parler, mais le moins possible.

– 2e vidéo : en gros plan, regard pensif et triste, en silence.

– 3e vidéo : en gros plan, songez à un événement de votre vie, sans un mot, dans la subtilité.

— 4e vidéo : présentation (vidéo en format paysage). Déclinez votre identité : d'où êtes-vous ? Que faites-vous dans la vie ?

— Avez-vous déjà tourné pour une pub concurrentielle ?

— Marchez pour montrer votre silhouette.

— Montrez-nous vos deux profils et ¾.

— Montrez-nous vos mains de dos et de face.

— Et finissez par un sourire.

Enregistrer une self-tape seul

Le plus grand défi concerne l'acting : on pourrait vous demander de ne prononcer que vos dialogues, ce qui implique d'observer un temps de silence, d'imaginer la réponse d'un partenaire avant de poursuivre. Vous serez peut-être amené à incarner plusieurs personnages successivement, ou à improviser à partir d'une situation donnée. En plus de ces indications, vous préparerez la scène, comme nous l'avons étudié dans les chapitres précédents.

Lorsque la demande implique des séquences difficiles ou des échanges imaginaires avec d'autres personnages, se retrouver seul devant la caméra devient acrobatique. Sans la moindre indication, il est hasardeux de juger si les sentiments sont justes, si le rythme est bon, ou si le jeu fonctionne globalement. Quand on vous invite à exprimer la colère, la tristesse et la réconciliation sans la présence d'un partenaire, il est légitime de se sentir désorienté, faute de repères. Cette solitude peut rendre la self-tape rigide, et les contraintes vous empêcheront de vous laisser aller dans votre interprétation. De même, l'espace limité du cadre en plan moyen restreint les mouvements, surtout si un directeur de casting demande une scène d'action avec des gestes rapides, tout en restant centré dans l'image.

Afin de surmonter ces obstacles, vous vous appuierez sur plusieurs astuces :

- Créer des repères visuels : pour compenser l'absence de partenaire, placez des objets dans votre ligne de regard. C'est un moyen utile de vous représenter votre interlocuteur. Ceci crée une connexion imaginaire solide. Si vous avez choisi un point de référence pour représenter l'autre personnage, veillez à ce qu'il soit à hauteur de vos yeux, selon votre position (debout ou assis). Imaginez sa place dans le décor, son attitude et la manière dont il réagirait à vos répliques. En établissant un cadre spatial, vous interpréterez la scène plus facilement comme si vous étiez face à lui. Fixez un point légèrement hors de la caméra (jamais directement dans l'objectif, sauf si spécifié) pour représenter la personne à qui vous vous adressez.

- Si un directeur de casting vous demande de ne dire que vos répliques, sachant que vous jouerez seul dans une scène duo, réagissez aux silences, marquez des pauses, puis répondez, comme dans une conversation normale.

- Abordez le texte en tant que monologue si vous n'avez pas d'autre solution. Vous concentrerez davantage votre travail sur vos expressions et gestes dans le but de traduire les pensées de votre personnage dans une situation où il se retrouve seul.

- Enregistrez à l'avance les répliques de l'autre interlocuteur sur un appareil audio ou un ordinateur. Ainsi, vous pourrez caler vos réponses sur les dialogues existants.

- Segmentez les émotions : dans une séquence où vous passez d'un état à un autre, répétez chaque partie séparément. Par exemple, exercez-vous à exprimer d'abord la colère, puis la tristesse, avant de les combiner.

Le moment du filmage est venu, il ne s'agit pas de se lancer à l'aveuglette en vous fiant au hasard. Enchaîner les prises répond à une logique des émotions. Mon expérience, après avoir dirigé de nombreux acteurs pendant des années, m'a révélé que je suivais un ordre bien précis :

Prise 1 : vivre pleinement chaque instant

Lors de la première prise, l'objectif est de découvrir les sentiments du personnage et de vous familiariser avec ses intentions. Laissez de la place à votre instinct, sans chercher à tout contrôler. Le but est de comprendre comment réagir à la situation en prenant le temps de passer d'un état à un autre.

Prise 2 : approfondir et gagner en précision

Clarifiez les motivations du personnage tout en améliorant les détails importants de la scène : un déplacement, une façon de prononcer certains mots. Ensuite, concentrez-vous sur les transitions émotionnelles. Si le personnage se met en colère, il y aura une progression naturelle. Cette seconde prise vous servira à mémoriser ce qui fonctionne le mieux.

Prise 3 : la vérité de l'instant

Maintenant, il est temps d'interpréter la scène avec honnêteté. Laissez-vous vraiment porter par le moment présent, sans surjouer quoi que ce soit. C'est l'occasion de laisser émerger la vérité et de vous engager pleinement, en toute confiance, maintenant que vous avez intégré chaque étape du plan, depuis le début jusqu'à la fin.

Prise 4 : la maîtrise naturelle

Cette dernière prise est celle où vous chercherez à combiner tout ce que vous avez trouvé en vous recentrant sur vous-même. Trouvez le bon équilibre entre contrôle et lâcher-prise : vous parvenez à vivre la scène et non à la jouer. En vous dirigeant seul de cette façon, vous saurez comment aborder chaque nouveau texte.

Tourner une self-tape avec un partenaire

Grâce à la participation d'un ami, qu'il soit comédien ou non, vous bénéficiez d'un regard extérieur constructif. Avant de filmer, expliquez le contexte de la séquence et comment vous envisagez de l'interpréter. Demandez à votre partenaire de vous donner la réplique aussi simplement que possible. Vous prendrez le temps de répéter plusieurs fois jusqu'à ce que chacun ait trouvé ses repères.

Dès que la caméra tourne, concentrez-vous d'abord sur l'atmosphère et faites exister le personnage par votre présence seule. Le cinéma ne se résume pas à réciter un texte devant la caméra. Comme l'affirmait Alfred Hitchcock : « Je ne photographie pas de gens qui parlent. » Démarrez, si possible, par une action, puis enchaînez avec vos répliques. Si la première tentative est trop mécanique, recentrez-vous, plongez dans des émotions profondes et maintenez votre concentration, plan après plan. Au moindre faux pas, qu'il s'agisse d'un trou de mémoire ou d'une réplique hésitante, n'hésitez pas à recommencer. La plupart du temps, vous vous y reprendrez une dizaine de fois avant d'obtenir le résultat attendu.

À mi-parcours, effectuez une pause et visionnez les premiers rushes. Il est nécessaire de se voir en action et de rectifier le tir avant d'aller plus loin. Vous identifierez rapidement des défauts, comme un regard approximatif ou une hésitation sur une réplique. Prendre du recul est le meilleur moyen de vous observer avec un œil critique, tout en comparant plusieurs prises. Il n'existe pas de règles dans l'interprétation : parfois, vous trouvez immédiatement le ton ou l'émotion juste, tandis qu'à d'autres moments, vous passez par une recherche laborieuse. Sans limites de temps, vous risquez de chercher une perfection inatteignable. Fixez-vous l'objectif d'obtenir des prises naturelles, en privilégiant la simplicité du jeu.

Prises de vue : adoptez un regard critique

Lorsque vous estimez avoir réussi votre scène, passez au visionnage final en effectuant une analyse détaillée de chaque prise. Ce travail demande une réelle attention, car il existe souvent des différences infimes d'un plan à l'autre : un regard plus long, un silence qui crée une tension palpable. Demandez-vous toujours si vous êtes en train de « jouer » ou si vous êtes réellement le personnage, pris dans l'instant. Dans une confrontation, si la colère monte trop vite, la tension devient artificielle et la scène perd de son efficacité. La vraie force réside dans la retenue : un léger tremblement des lèvres peut en dire long, puis l'énergie s'intensifie en crescendo. Le directeur de casting verra à l'image que vous savez intérioriser sans recourir à des gestes dramatiques. Votre conviction fera toute la différence : il recherche avant tout un acteur capable de véritablement disparaître derrière son personnage.

Montage léger

Cette étape permet d'éliminer les parties superflues, si vous vous filmez seul. Inutile de montrer votre entrée et votre sortie de champ lorsque vous déclenchez la caméra. Le même principe s'applique à chaque prise, surtout si vous laissez un temps de flottement au début ou à la fin. Les transitions, les effets et la musique d'accompagnement sont inutiles : le directeur de casting veut se concentrer sur votre jeu et rien d'autre. Une fois ces modifications terminées, exportez votre vidéo en choisissant le format et les paramètres les plus appropriés, comme le MP4 pour une diffusion en ligne.

Envoi : respectez les délais

Suivez les instructions du recruteur pour nommer vos fichiers. Le plus simple est d'utiliser un intitulé indiquant le rôle pour lequel vous auditionnez, ainsi que votre nom. Par exemple : « Nom_Prenom_Nom_du_Rôle.mp 4 ». Vous pouvez également ajouter d'autres informations, comme la date d'enregistrement ou la version de la self-tape.

Par souci de professionnalisme, il est impératif de respecter les délais. Vous fournirez les informations demandées, telles que votre CV, vos photos et vos coordonnées. Ensuite, vous pourrez télécharger votre vidéo sur une plateforme de casting ou l'envoyer via WeTransfer.

Entraînement self-tape

Dans cet exercice, vous réaliserez une self-tape de A à Z. Son objectif est de vous faire suivre toutes les étapes de création d'une vidéo jusqu'à l'envoi. L'exemple est fourni à titre indicatif, mais vous pouvez appliquer le même processus à n'importe quel texte de votre choix.

<u>Pitch</u> : Marc retrouve une amie d'enfance, Clara, dans un restaurant. Ce qui commence par de simples retrouvailles se transforme alors en confrontation. Très vite, il découvre que la jeune femme lui garde une rancune tenace au sujet d'un événement mystérieux.

Marc est assis à sa table habituelle : l'arrivée d'une nouvelle cliente qui se dirige droit vers lui le prend au dépourvu.

Marc

Mais c'est toi ? Quelle surprise !

Clara

Marc ! Ça fait un bail.

Marc

Je n'en crois pas mes yeux. Qu'est-ce que tu deviens ?

Il serre la main de son amie, embarrassé par cette rencontre imprévue.

Clara

On fait aller.

Marc

Tu es seule ?

Clara

Oui, comme tu vois.

Marc

Se retrouver après toutes ces années, c'est une drôle de coïncidence.

Une tension s'installe malgré les sourires. Clara finit par s'asseoir en face de lui.

Clara

Ça ne t'ennuie pas si je m'installe à ta table ?

Marc
(mal à l'aise)
À vrai dire, j'ai rendez-vous avec quelqu'un.

Clara

Une femme ?

Marc

Tu as tout compris... *(silence)*... Je te trouve un peu tendue.

Clara

Tu sais, j'ai souvent pensé à te revoir. Il y a certaines choses dont j'aurais aimé te parler... des choses anciennes.

Le malaise se prolonge.

Marc

Euh, je ne suis pas sûr de comprendre.

Clara

Je vais t'éclairer davantage, ça devrait te revenir.

Marc

Écoute, ce n'est pas le bon moment. Peut-être que l'on pourrait se revoir un autre jour ?

Clara

(souriante, mais ferme)

Non. Je ne vais pas partir sans qu'on remette certaines pendules à l'heure.

Le regard de Marc s'assombrit lorsqu'il réalise que l'intruse n'a aucune intention de quitter sa table.

Marc

Qu'est-ce que tu me veux ?

Silence froid.

Prise 1 : le temps des émotions

Si vous travaillez le rôle de Marc, commencez la scène en exprimant la stupeur : un mélange de politesse feinte et d'embarras en retrouvant cette vieille amie.

- Montrez ensuite votre confusion, car Clara adopte un comportement intrusif.

- Vous sentez que quelque chose ne va pas. Le ton de votre voix doit rester léger, mais avec une touche d'inquiétude.

Sur cette première prise, mémorisez toutes vos actions afin d'être raccord : vous les reproduirez plusieurs fois de suite.

Prise 2 : gagnez en précision

Maintenant, accélérez vos répliques à la fin de la scène, lorsque vous réalisez que le comportement de Clara est étrange : accentuez davantage la rupture. Vous tentez de garder votre calme, mais la tension monte. Pour y parvenir, choisissez un repère précis sur une réplique qui vous servira de déclencheur.

Prise 3 : soyez dans la vérité

Vous savez maintenant tout ce que vous devez effectuer dans le plan : augmentez le naturel de votre voix et de vos actions. Si le personnage se trouve dans une situation de vulnérabilité, votre intonation doit exprimer cette tension sans être forcée. Focalisez-vous sur l'émotion du moment présent.

Prise 4 : appropriez-vous la scène

Recentrez-vous en imaginant que cette situation vous arrive réellement. Vous contrôlez tous les paramètres du plan, il ne vous reste plus qu'à être vous-même. Si nécessaire, ajoutez une ou deux phrases d'improvisation au milieu de vos répliques, tout en restant fidèle au déroulement de l'action.

Analysez ce que vous venez de tourner

En visionnant les rushes, si vous estimez que la prise 3 est la meilleure, mais que vous pensez pouvoir encore l'améliorer, utilisez-la comme référence. Souvenez-vous de ce qui vous semble le plus juste afin de la reproduire avec de légères modifications. Ensuite, reprenez le tournage jusqu'à obtenir l'interprétation désirée. Une fois cet entraînement finalisé, envoyez le fichier vidéo par WeTransfer à un ami ou à un coach afin de recueillir son avis. Prenez le temps d'étudier les retours avec attention : vous identifierez ainsi les points d'amélioration, que ce soit dans votre jeu ou dans la qualité technique de la vidéo.

12 - FILMS/SÉRIES :
ADAPTER SON AUDITION

« Un bon casting peut transformer un scénario ordinaire en une expérience puissante. L'acteur est un interprète de vie, et cela se ressent à l'écran. »

Ridley Scott

Passer un casting en vue d'un long métrage peut être éprouvant. Vous devrez apprendre plusieurs pages en un temps record, parfois même du jour au lendemain. Mais le jeu en vaut la chandelle : apparaître dans un film à succès peut donner un véritable élan à votre carrière. Chaque rendez-vous génère un stress considérable, car le défi est de taille : se faire connaître d'un large public et attirer de nouvelles propositions.

En ce qui concerne les séries, le processus se déroule fréquemment en plusieurs étapes. Des auditions individuelles sont suivies de rappels. Le recruteur cherche à vérifier votre compatibilité avec le personnage et le reste de la distribution. La préparation s'avère parfois plus souple, car l'intrigue n'est pas toujours complètement développée à ce stade. Cependant, vous devrez comprendre le ton général de la bible artistique ainsi que celui de chaque épisode. Participer à une série offre une visibilité importante et une stabilité d'emploi sur plusieurs saisons.

Le cinéma a longtemps été considéré comme plus prestigieux que le petit écran. Toutefois, avec l'essor des séries, cette distinction s'est estompée, accordant aux acteurs des opportunités dans les deux domaines. Préparez-vous à suivre une partition imposée si vous êtes convoqué pour un format télévisuel destiné à une large audience. En revanche, un film indépendant vous offrira plus de liberté : vous pourrez approfondir la psychologie de personnages originaux.

Les formats en télévision

On y trouve une variété de contenus, chacun avec ses propres spécificités.

Les séries dramatiques comme *Engrenages* ou *Le bureau des légendes* sont reconnues pour leurs intrigues aux nombreux rebondissements. L'écriture maintient l'intérêt du public épisode après épisode. Chacun d'entre eux explore des récits riches qui s'étendent sur une longue durée, tout en maintenant un rythme soutenu. Les spectateurs s'attachent à des personnages forts et suivent leurs aventures, parfois inspirées de faits réels.

Ces séries imposent généralement des cadences de tournage rapides. Un comédien doit s'adapter à ce rythme en gérant des horaires irréguliers, de jour comme de nuit. S'il veut réussir dans cet environnement, il lui faudra faire preuve d'une organisation méticuleuse : préparation des scènes à l'avance, maintien de la continuité du personnage en toutes circonstances. Cela implique de s'aligner sur les modifications du scénario et de dépasser la vision de son propre rôle afin de s'intégrer à la production.

Les séries comiques telles que *Kaamelott* ou *Scènes de ménage* dépeignent des individus hauts en couleur dans des situations décalées. Ces formats sont en majorité courts, de vingt à trente minutes. Dans ce registre, les rôles tendent à être caricaturaux ou exagérés. Si vous participez à ce type de séries, vous correspondrez à un profil conçu pour attirer un large public. Il est nécessaire d'apporter une dimension cocasse à votre personnage : des répétitions minutieuses vous guideront vers le style correspondant à l'univers du projet.

Prenons l'exemple de *Mr Bean* : son jeu repose sur un mélange de mimiques et d'expressions qui expriment des sentiments variés. Il est plongé dans des situations absurdes qu'il résout de façon imprévisible. Il adopte des comportements enfantins et naïfs, en contraste saisissant avec son apparence d'adulte. *Mr Bean* se montre aussi lâche, sournois ou malveillant, ce qui ajoute une dimension caustique à son humour. Le comédien Rowan Atkinson a réussi à inventer un véritable langage visuel autour de son personnage, établissant ainsi un lien profond avec le public.

Les mini-séries se déroulent sur un nombre limité d'épisodes, généralement entre trois et dix. Chacun d'entre eux raconte un récit complet, de manière concise. Ces programmes ne sont pas destinés à être prolongés sur plusieurs saisons.

Ce format réussit à condenser une histoire riche et prenante en peu d'épisodes. Chacun d'eux est conçu comme une pièce d'un puzzle global, où toute scène fait progresser l'intrigue de façon déterminante. Ces fictions abordent des sujets sociaux ou revisitent des événements historiques. Le récit possède un début, un milieu et une fin bien définis, avec une résolution satisfaisante, sans laisser d'intrigue en suspens en prévision de futures saisons. Ainsi, une mini-série comme *Chernobyl* se concentre sur la catastrophe nucléaire et ses conséquences, tout en explorant des thèmes plus larges, comme la responsabilité politique et la manipulation de l'information ; l'ensemble étant condensé en seulement cinq épisodes.

Les mini-séries se distinguent aussi par leur style visuel inspiré du cinéma. Une œuvre comme *D'argent et de sang* en est un exemple frappant. Cette création originale traite de scandales financiers réels et met en lumière la corruption, l'ambition et les conséquences tragiques qui en découlent. Les épisodes s'enchaînent à la manière d'un long métrage étendu sur de nombreuses heures.

Les téléfilms ou unitaires sont diffusés en une seule fois. La plupart du temps, il s'agit d'adaptations de romans, de drames, ou de tout autre genre destiné à un public familial.

Bien que le 7e art et la télévision présentent de nombreuses similitudes, un acteur devra prendre en compte les différences en termes de durées, de formats et d'approches du casting s'il veut se préparer efficacement.

Les thématiques explorent des faits divers, des sujets de société ou encore des biopics retraçant la vie de personnalités marquantes, telles que Marie Curie ou Brigitte Bardot. Ces programmes offrent une vision simplifiée, mais relativement fidèle de leur parcours. Les téléfilms sont diffusés en soirée, lors de créneaux à forte audience, où les téléspectateurs cherchent un divertissement de qualité sans s'engager dans une série longue.

Adapter son jeu pour le cinéma et la TV

Bien qu'un téléfilm ressemble au cinéma dans sa réalisation et son scénario, il présente des différences importantes auxquelles l'acteur doit être attentif. La principale distinction réside dans le temps de tournage : les unitaires sont réalisés plus rapidement que les longs métrages, avec des calendriers serrés. En général, ils se tournent en une vingtaine de jours, selon la complexité du projet et le nombre de scènes, tandis qu'un film peut nécessiter plusieurs mois, notamment pour les productions à gros budget.

Dans le cadre des réalisations télévisées, le rythme de travail est accéléré. Les équipes de tournage sont en général plus petites qu'au cinéma, ce qui laisse moins de temps pour les répétitions. Les acteurs sont donc tenus d'intégrer rapidement leurs personnages et d'être opérationnels sur le plateau. Le plus souvent, ils travaillent sous pression avec peu de prises par scène, ce qui exige un entraînement rigoureux. Ils doivent interpréter des personnages souvent basés sur des archétypes bien définis, comme le héros romantique, la mère protectrice, le détective perspicace ou le méchant mystérieux : des figures facilement identifiables par le grand public.

Préparer un casting de série policière

Si vous auditionnez pour un rôle récurrent d'inspecteur, il est peu probable que l'on vous confie la bible artistique à l'avance, pour des raisons de confidentialité. Cependant, vous recevrez certainement une fiche personnage qui vous fournira des détails essentiels, tels que l'âge, l'apparence physique, la personnalité et le passé.

À ce stade, vous ne bénéficierez pas de l'accompagnement d'un conseiller technique qui vous aiderait à atteindre un réalisme maximal. Regardez des interviews ou des documentaires sur de vrais inspecteurs de police, observez leur façon de parler, leurs gestes et la manière dont ils communiquent entre eux. Il est également nécessaire d'intégrer de petites manies ou tics observés, comme tapoter un stylo ou réajuster un badge, un moyen efficace d'apporter plus de vérité à votre rôle. Familiarisez-vous avec le jargon policier, glissez-le discrètement dans vos répliques ou lors d'improvisations. À la suite de ces recherches, imaginez la manière dont votre personnage se déplace dans son environnement. Si vous entrez dans un bureau afin d'interroger un suspect, adoptez une démarche assurée sans tomber dans le stéréotype du policier classique. Votre préparation vise à amener une touche personnelle, cela nécessite un entraînement intensif qui vous conduira à rendre le rôle original. Dans une scène de casting où vous êtes face à un suspect, travaillez la transition entre le calme professionnel et une explosion de colère lorsque les preuves de sa culpabilité deviennent accablantes.

Plan B : dans le cas où l'on vous suggère d'interpréter cette séquence de manière plus dynamique ou plus intime, préparez d'autres pistes de jeu possibles.

Un travail considérable vous attend si vous êtes sélectionné pour le rôle. Tout d'abord, vous étudierez la bible artistique. Ce document décrit le concept global, par exemple : « une série policière réaliste qui suit une unité spécialisée dans les crimes violents. Elle explore les défis quotidiens auxquels ses membres sont confrontés. » Vous trouverez une fiche pour chaque personnage, qu'il s'agisse de policiers, de délinquants ou de figures secondaires. Si vous êtes impliqué dès le début du projet, vous aurez accès à l'arc narratif de la première saison. Il pourrait tourner autour de la traque d'un tueur en série ou d'une enquête sur une affaire de corruption.

La bible détaille également les histoires secondaires, comme les luttes de l'inspecteur avec son passé ou les tensions internes au sein de l'équipe. La structure des épisodes est définie : chacun d'entre eux commence par la découverte d'un crime, suit le cours de l'enquête et se termine par une révélation qui fait avancer l'intrigue. Ce document fera sans doute référence à d'autres séries, films ou œuvres littéraires ayant influencé le style du programme, comme le réalisme de *The Wire* et l'intensité de *Se7en*. Vous trouverez également une description détaillée des décors, tels que le commissariat, la morgue ou l'appartement du personnage principal. Chaque lieu doit créer une atmosphère particulière, qu'il s'agisse de bureaux vétustes ou d'une cité dangereuse. Ils deviendront des éléments familiers pour les spectateurs.

Le même principe s'applique aux costumes. Ils mettent en évidence le statut et le mode de vie des personnages. L'inspecteur porte des vêtements usés, témoignant de son quotidien difficile, tandis que son jeune partenaire affiche un look plus soigné, qui souligne son enthousiasme et sa fraîcheur. Le premier épisode dans lequel votre personnage apparaît définit le ton des dialogues : un langage direct et teinté de désillusion. Même dans une série policière, des touches d'humour viennent alléger l'ambiance tout en restant fidèles à l'esprit général.

Évolution de la série

L'inspecteur pourrait devenir de plus en plus obsédé par son travail, ce qui affecterait sa vie personnelle. La structure des épisodes offrirait alors un aperçu des enjeux à venir dans les saisons suivantes.

Une préparation intensive

Avant le tournage, plongez-vous dans le quotidien de votre personnage. Un inspecteur est régulièrement confronté à des cas éprouvants. Travaillez sur la fatigue mentale, la frustration, ou le cynisme accumulés au fil des enquêtes. Vous pourriez jouer des scènes où vous traversez des phases d'épuisement après un échec majeur. Un rôle de ce type demande une préparation physique : vous suivrez des séances de tir, maîtriserez l'utilisation d'une arme de poing et apprendrez les techniques d'arrestation en situation d'urgence.

L'étude des protocoles d'enquête prend ici toute son importance : il s'agit des procédures exactes suivies sur le terrain lors de l'investigation d'une scène de crime, telles que la sécurisation de l'espace, la collecte de preuves et les entretiens avec les experts légistes. Avant de tourner, vous rencontrerez des policiers, actifs ou à la retraite, et discuterez avec eux des aspects techniques de leur travail. Demandez-leur de vous expliquer comment ils mènent les interrogatoires, gèrent la paperasse et affrontent moralement les situations stressantes.

L'aide d'un coach peut être précieuse avant d'aborder les scènes psychologiques, notamment celles liées à la vie privée de votre personnage (histoire d'amour naissante ou rupture), les conflits intérieurs en lien avec son passé, ainsi que les moments plus légers, comme la complicité avec des collègues ou des personnages secondaires.

Astuces pour une audition de comédie

Avant tout, il convient d'identifier le style comique du projet, car il existe plusieurs registres dans ce genre.

Le burlesque repose sur l'exagération, la caricature et les situations grotesques. Exemple : Jim Carrey ou Christian Clavier.

L'humour noir utilise le cynisme, l'ironie et la dérision pour traiter de sujets tabous ou graves : Louis C.K, Ricky Gervais.

La satire vise à critiquer la société et ses travers en employant le sarcasme et la parodie : les comédies italiennes de Dino Risi ou Mario Monicelli en sont une parfaite illustration.

L'humour absurde repose sur l'incohérence, l'illogisme et le non-sens : les Monty Python, Les Inconnus, ou le trio David Zucker, Jim Abrahams et Jerry Zucker, célèbre pour *Y a-t-il un pilote dans l'avion ?* (1980).

Le comique de situation est basé sur des péripéties cocasses et des quiproquos : *Le Dîner de cons* (1998), *Marche à l'ombre* (1984).

À la lecture du texte, définissez les traits distinctifs de votre personnage, ses tics, ses imperfections et tout ce qui peut ajouter une dimension humoristique. Certaines figures nécessitent une grande maîtrise corporelle. Pendant votre préparation, entraînez-vous à adopter une démarche caractéristique et à travailler la maladresse de certains gestes. Le même principe s'applique à la diction : on peut vous demander de parler plus vite, de bafouiller, de modifier votre voix ou d'adopter un accent.

Ce que nous venons de décrire nécessite un réglage au millimètre ; il s'agit de styliser sans surjouer. Il faudra toujours garder une part de vérité, y compris dans les situations les plus invraisemblables. Parfois, un personnage de comédie subit les événements : Lino Ventura dans *L'Emmerdeur* (1973), ou il les provoque : Pierre Richard dans *La Chèvre* (1981).

Un film comique distord la réalité, mais le protagoniste peut souffrir de son sort. Prenons *Maris et Femmes* de Woody Allen (1992), où Gabe Roth, interprété par l'auteur, est un professeur et écrivain new-yorkais confronté à des bouleversements émotionnels. Lorsque ses amis proches, Jack et Sally, annoncent leur séparation, cela agit comme un catalyseur, l'amenant à remettre en question son propre mariage avec Judy. Cette introspection le conduit à développer une attirance pour l'une de ses étudiantes, Rain, ce qui complique davantage sa situation conjugale. Cette forme d'humour requiert une sobriété dans le jeu, même lorsque des conflits ordinaires, ayant pour origine la jalousie ou l'adultère, sont poussés jusqu'à l'absurde.

Se préparer au casting d'une comédie nécessite une approche différente de celle d'un drame ou d'un thriller. Ce qui compte ici, c'est la vitesse à laquelle les situations se dérèglent. C'est la loi du genre. Vous affûterez votre sens du timing pour donner aux dialogues la bonne cadence, en respectant les pauses et les silences, ils sont tout aussi importants que les répliques elles-mêmes.

S'il s'agit d'une comédie romantique, visionnez des classiques comme *Quand Harry rencontre Sally* (1989) ou *Love Actually* (2003) en vous imprégnant du rythme et du ton. Cela passe aussi par un travail de précision sur vos répliques où il faut jouer avec les pauses et les inflexions. Par exemple, si un dialogue doit provoquer le rire après un moment de silence, assurez-vous de bien marquer ce temps d'arrêt avant de lancer une punchline.

Votre personnage peut devenir à la fois drôle et attachant. On pense à Michel Blanc incarnant Jean-Claude Dusse dans *Les Bronzés* (1978), Pierre Richard dans *Le Distrait* (1970), ou encore Tom Hanks dans *Le Terminal* (2004). L'émotion prend parfois une place importante lors du dénouement de l'histoire. Il est donc important de ne pas réduire votre rôle à une simple caricature. Le public recherche une connexion à des sentiments universels. Une bonne comédie ne se contente pas de faire rire, elle mène à une conclusion où le personnage principal subit une transformation.

Le cinéma français actuel est parfois critiqué pour son excès de bons sentiments, tandis que les films des décennies précédentes, comme ceux de l'équipe du Splendid, étaient plus mordants. Il en va de même pour un certain cinéma américain, parfois jugé trop politiquement correct.

Cependant, Woody Allen a souvent fait exception à la règle en privilégiant des fins sombres et désabusées. Dans certains cas, une séquence parodique vient conclure le film, comme dans *La Vie de Brian* des Monty Python (1979), où un chœur de crucifiés chante le célèbre refrain : *Always Look on the Bright Side of Life*.

Bien connaître le style d'humour vous aidera à choisir la meilleure approche le jour du casting. Vous trouverez l'équilibre juste entre les effets comiques et la manière de rendre votre personnage touchant.

Préparer un casting en peu de temps

Participer à des essais professionnels demande à la fois de l'expérience et de la réactivité. Vous devez déjà avoir une solide pratique sur différents tournages avant de rencontrer un recruteur. Les délais sont généralement courts, de 48 à 72 heures, et il n'est pas rare de devoir préparer un texte pour le lendemain. En premier lieu, lisez avec soin le descriptif envoyé par le directeur de casting dans son mail. Ces indices vous éviteront de faire des choix d'interprétation qui ne correspondent pas au style du projet.

Ils pourraient être rédigés de la manière suivante :

Contexte de la séquence : le personnage est un avocat de la défense dans un tribunal, au moment où il apprend une information qui est susceptible de changer le cours du procès. La scène se déroule en pleine audience, avec une forte pression exercée sur lui.

<u>Profil du personnage</u> : âge, 35-45 ans.

<u>Apparence</u> : tenue soignée, mais une fatigue visible, un regard intense.

<u>Caractère</u> : professionnel et calme. Le personnage doit faire preuve de self-control tout en laissant entrevoir une légère anxiété ou un doute qui perce sous la surface.

<u>Les attentes au niveau de l'interprétation</u> : l'accent sera mis sur la tension intérieure. Le personnage, expert dans son domaine, maîtrise ses émotions en public tout en révélant sa vulnérabilité par de petits gestes nerveux. Les pauses et silences doivent être bien dosés pour montrer la réflexion profonde sans briser le rythme de la scène.

<u>Intensité du regard</u> : il révélera la lutte intérieure tout en restant fixé sur le juge ou les jurés, montrant à la fois une concentration et un léger trouble.

<u>Garder un ton posé et contrôlé</u> : ne pas surjouer la surprise ou l'émotion, privilégier la retenue.

Après avoir pris connaissance de ces directives, il est judicieux de s'appuyer sur des références et de regarder des extraits de films de procès. Prenez le temps d'observer comment des acteurs connus rendent des personnages similaires inoubliables. Par exemple : *Présumé coupable* (2011), *L'Hermine* (2015) ou *Une intime conviction* (2018). Ensuite, mettez-vous mentalement dans la situation d'un avocat en salle d'audience. Imaginez la tension électrique, les regards des jurés et le poids de la responsabilité sur vos épaules.

Avant chaque casting, renseignez-vous sur le réalisateur : est-ce un nouveau talent ou un cinéaste aguerri ? C'est le moment de regarder l'un de ses films ; la meilleure façon de connaître sa manière de travailler avec les acteurs. Vous saurez alors vous préparer en conséquence, tout en utilisant la checklist étudiée précédemment sur cette question.

13 - CASTING : PRÊT POUR LE JOUR J

« Le casting c'est comme composer une symphonie : chaque note doit être parfaite pour créer une harmonie totale. »

Jean-Luc Godard

Donner le meilleur malgré la pression

Il ne suffit pas de maîtriser son texte ou de comprendre le personnage, mais de se convaincre soi-même que l'on a fait tout ce qu'il fallait pour être opérationnel. Le stress reste inévitable, malgré tout, quel que soit le niveau du comédien. Pour commencer, considérez cette montée d'anxiété comme une réaction normale avant une audition ; elle peut même être utile si elle est bien gérée. Encourager l'acceptation de ce stress permet de ne pas en faire un ennemi. Votre travail consiste alors à le transformer en énergie positive, c'est encore le meilleur moyen de le canaliser. Si vous parvenez à inverser la vapeur et à en faire un moment d'excitation, cela vous aidera à gagner en présence et en concentration, en percevant cette montée d'adrénaline comme un signe de votre bonne préparation.

Mettez en place une routine de pré-audition que vous aurez conçue pour vous recentrer. Elle peut comprendre des exercices physiques ou vocaux, ou encore l'écoute d'une musique en lien avec l'émotion de la scène. En un mot, appuyez-vous sur vos rituels personnels : cette routine est la dernière étape avant le rendez-vous, et l'exécuter signifie que vous êtes totalement paré. La visualisation positive aide à apaiser la tension et à renforcer la confiance. Représentez-vous la salle d'audition, avec calme, exécutant chaque geste, chaque réplique dans la fluidité.

Prenez le temps de travailler la voix et l'articulation. C'est une excellente manière de canaliser le stress vers des actions concrètes. Pratiquez des échauffements vocaux en augmentant ou diminuant progressivement le volume.

Révisez vos notes et vos choix d'interprétation

Dans l'optique d'apaiser votre anxiété, relisez vos notes sur le personnage et la séquence. Si vous avez remarqué que votre interprétation comporte une démarche hésitante ou une manière spéciale de parler, répétez ces détails mentalement. Vous pouvez aussi visualiser les moments importants de la scène comme si vous étiez en train de les jouer. Imaginez que vous vivez la situation et que vous touchez le directeur de casting en plein cœur. Vous avez répété chaque détail maintes fois, alors concentrez-vous sur ce qui fonctionne le mieux dans votre jeu.

Répéter les intentions plutôt que les mots

La peur du trou de mémoire vous poursuit : concentrez-vous sur les intentions du personnage plutôt que sur la mémorisation du texte. Dites-vous que vous connaissez chaque réplique et concentrez-vous sur le sens de la scène. En cas de blanc, ne vous arrêtez pas. Si vous maîtrisez bien ces éléments, poursuivez avec vos propres mots jusqu'à ce que le problème se dissipe.

Vous n'avez rien à perdre en participant à cette audition ; au contraire, considérez-la comme une chance de rencontrer un nouveau recruteur et d'élargir votre réseau. Même si vous n'obtenez pas le rôle, vous laisserez peut-être une impression positive et serez rappelé pour un autre projet. Adoptez une approche optimiste en vous remémorant des castings précédents réussis. Le casting ne se résume pas à une simple évaluation : c'est une rencontre entre un acteur et un rôle, une chance de révéler votre talent. En adoptant cet état d'esprit, vous relâcherez une partie de la pression qui pèse sur vos épaules. Il ne s'agit plus uniquement de réussir votre scène, mais d'établir un véritable échange créatif. En abandonnant l'idée de perfection, vous vous ouvrirez à de nouvelles possibilités.

Réussir dès les premières secondes de l'audition

Lors de votre rencontre, un bon directeur de casting cherche à vous mettre à l'aise. Il vous fournit toutes les informations nécessaires sur le déroulement de la séance. Préparez un résumé de votre parcours au cas où il vous demanderait une présentation filmée. La solution la plus simple consiste à l'apprendre par cœur, ce qui élimine tout risque d'hésitation lors de votre prise de parole. En maîtrisant votre présentation, vous donnerez l'image d'un acteur confiant et professionnel. Cette étape permet au recruteur d'évaluer non seulement l'aisance à l'oral, mais aussi le talent pour raconter votre histoire avec clarté et dynamisme.

Certains manifestent de l'inquiétude à cause d'un complexe physique (trop grand, trop petit, en surpoids, atypique). Avant tout, il est nécessaire de vous renseigner sur la nature des profils recherchés. Une imperfection ou un accent peut apporter une touche d'originalité et devenir un atout. Acceptez votre différence, considérez-la comme un élément distinctif de votre identité. Au-delà des apparences, vous serez jugé sur votre talent de comédien.

Avant de commencer, n'hésitez pas à poser des questions au directeur de casting afin d'être sûr de ses attentes. Vous le savez : on ne vous donnera que peu d'indications de jeu, il faudra donc vous appuyer sur votre mise en scène. Dès que la caméra tourne, laissez les émotions venir sans précipitation. Regardez juste à côté de la caméra, là où se trouvera votre interlocuteur. Dans une séquence de groupe (même si lui seul vous donne la réplique), orientez votre angle de vue comme si vous dialoguiez avec plusieurs personnages imaginaires.

L'importance de la première prise

Le recruteur se fait une opinion sur votre jeu dès que vous commencez à parler. Une justesse immédiate donne le ton pour le reste des essais. Le nombre de prises que l'on vous accorde dépend de plusieurs facteurs : le type de production, la personnalité de celui qui vous reçoit et la difficulté de la scène. Un texte exigeant, comportant plusieurs pages de dialogues, nécessitera différentes tentatives. Certains, plus perfectionnistes que d'autres, peuvent vous filmer davantage, mais la première prise doit, d'ores et déjà, être satisfaisante. La plupart des comédiens expérimentés savent convaincre dès le début de la scène. C'est un objectif à atteindre, car la durée de l'audition varie également en fonction du nombre de candidats. Si le planning est chargé, un temps limité sera consacré à chacun. Par conséquent, donnez le meilleur de vous-même au moment où la caméra tourne. Votre engagement doit être immédiat, sans que l'on perçoive le jeu. Dans une scène de conflit, ce n'est pas un coup d'éclat artificiel qui intéresse le directeur de casting, mais votre vraie colère. Autrement dit : laissez transparaître vos sentiments au moment précis où l'action commence.

Savoir prendre des risques

S'écarter du script peut parfois apporter une vérité surprenante, surtout si l'on vous laisse une certaine marge de manœuvre. Une audition est réussie lorsque vous allez au-delà du texte : c'est la justesse qui l'emporte sur la performance. Visez le lâcher-prise ; l'audace jouera en votre faveur en révélant votre capacité à sortir des sentiers battus. Les directeurs de casting apprécient les candidats qui enrichissent leur scène avec une vision originale.

L'improvisation face à la caméra

Il n'est pas rare que l'on demande à un acteur d'improviser. C'est un moyen efficace de juger son aptitude à réagir face à l'imprévu. Il est nécessaire de prendre en compte cette éventualité durant votre préparation. Vous pouvez étoffer certains passages avec vos propres mots, explorer différentes façons de prolonger le texte après le climax, ou inventer de nouvelles situations basées sur le script. Cette technique vous permettra non seulement de jouer librement, mais aussi de montrer votre compréhension de l'intrigue.

Je me souviens d'avoir auditionné, pour un court métrage, un candidat qui n'avait pas eu le temps d'apprendre son texte. Comme il correspondait au personnage, nous avons travaillé en liberté. Il pouvait dire ce qu'il voulait, tant que la trame était respectée. Les mots ne sont pas venus tout de suite. De longs silences, une tension électrique, avant qu'il ne commence à parler avec une vérité saisissante. Ses propositions se sont avérées bien plus originales que la scène dialoguée. Au-delà d'un exercice freestyle, j'assistais à une recréation complète d'un pan de l'histoire. Cela a changé ma vision du travail : j'ai eu envie de plus de radicalité, considérant le scénario comme un simple support, sans chercher à le respecter systématiquement. Ainsi, à chaque casting, je demande toujours une prise libre, en plus de l'interprétation classique de la séquence.

Certains longs métrages sont d'ailleurs entièrement tournés sans continuité dialoguée : *Rengaine* (2012), *Donoma* (2010), ou la plupart des films de Gaspar Noé, comme *Vortex* (2021). Des œuvres passionnantes, hors des sentiers battus. Si l'on vous propose de vous lancer à partir d'une trame, visualisez votre improvisation en intégrant un début, un milieu et une fin. Attention, cela ne signifie pas se perdre dans un flot de paroles ou étirer la situation à l'infini. Il est préférable de rester concis, d'accorder autant d'importance aux silences qu'aux dialogues et de n'utiliser que des « mots utiles » : parler uniquement lorsque c'est nécessaire.

Les essais sont souvent des moments de fragilité pour un acteur. Même les plus habiles peuvent être déstabilisés par une situation inattendue. Imaginez-vous prêt à jouer une scène dramatique, après une longue préparation, lorsque, à la dernière minute, le directeur de casting change d'avis. Il vous demande alors d'improviser dans un registre complètement opposé. Le stress monte, la crainte de ne pas faire bonne impression devient palpable, et il est facile de se laisser submerger par l'anxiété ou la confusion. Si vous voulez répondre efficacement à l'imprévu, commencez par vous recentrer. L'improvisation est une extension de votre préparation : il ne s'agit pas de tout réinventer, mais de puiser dans votre compréhension du personnage et de l'adapter au nouveau registre demandé. Acceptez ce changement comme un challenge stimulant. Plutôt que de chercher à contrôler chaque détail, laissez-vous guider par les émotions du personnage dans ce contexte. En vous ancrant dans ses sentiments, vous parviendrez à jouer avec justesse, peu importe le registre. Le directeur de casting cherche parfois à voir comment vous réagissez sous pression. Il ne s'attend pas nécessairement à une exécution parfaite, mais à une réaction vraie.

Autre cas de figure : comment maintenir sa concentration si le recruteur reste impassible, voire indifférent pendant que vous jouez ? Il feuillette des papiers, regarde son téléphone ou ne manifeste aucune réaction. D'abord, recentrez-vous sur vos émotions, puis laissez la scène se dérouler de façon naturelle. L'objectif est de vous immerger complètement afin que les distractions extérieures ne vous perturbent pas. Considérez-le comme un exercice de maîtrise de soi. Dans une carrière d'acteur, vous serez souvent confronté à des réactions diverses, des silences ou des spectateurs inattentifs. Restez fidèle à votre interprétation : l'objectif est de continuer de manière professionnelle jusqu'à la dernière seconde.

Le manque de retour direct peut être déstabilisant ; vous vous demanderez si votre performance est juste et redoublerez d'efforts dans l'objectif de maintenir l'intensité. Il est essentiel de rester flexible malgré l'inconfort et l'absence de repères si vous voulez surmonter ces obstacles. C'est un moment où vous êtes exposé, sans filet de sécurité, devant un professionnel qui décide de votre avenir. La simple préparation d'une scène ne garantit pas que vous pourrez l'interpréter exactement comme vous l'avez imaginée, car les conditions peuvent changer à tout instant.

Vous devrez donc essayer de rester concentré, ce qui demande pratique et expérience. Cet engagement exige une capacité d'adaptation face à toutes sortes de situations.

Ce qu'il faut éviter en audition

En contournant certains obstacles, vous pouvez améliorer vos chances de succès.

- Ne pas se préparer suffisamment est une erreur courante. Face à des concurrents qui se présenteront avec une proposition solide, vos opportunités seront réduites.

- Ne pas être à l'écoute : certains comédiens ont du mal à respecter les indications qu'on leur donne. Imaginez un chef d'orchestre demandant un Do au premier violon et recevant un Sol. Anxiété ou manque de concentration ? Répondre aux demandes avec justesse est une qualité appréciée.

- Manquer de diversité dans le jeu : une interprétation monotone et sans relief nuit à votre essai.

- Dire le texte trop rapidement : beaucoup ont tendance à parler vite, par peur des silences. Pour éviter ce piège, concentrez-vous sur le rythme de la scène et marquez des pauses en jouant autant que possible avec celui qui vous donne la réplique : directeur de casting ou assistant.

- Surjouer : certains acteurs exagèrent leurs réactions en croyant donner de l'intensité à la scène.

- Porter une tenue inappropriée : se présenter à l'audition sans soigner l'apparence du personnage ou en choisissant un vêtement qui n'est pas en rapport avec la situation envoie un mauvais signal.

- Arrêter la scène en cas d'erreur : il est préférable de continuer à jouer et de trouver une manière naturelle de retomber sur ses pieds.

À la fin de votre audition, vous saurez rarement ce qui a fonctionné ou ce qui aurait pu être amélioré. Cependant, ce silence ne doit pas être interprété négativement. Les équipes de casting reçoivent de nombreux candidats par projet et doivent respecter des délais serrés. Vous devrez donc apprendre à rester confiant et à vous préparer pour d'autres rendez-vous, avec ou sans feedback.

Le casting en visioconférence

Dans certains cas, vous passerez des essais directement derrière l'écran de votre ordinateur. Les étapes de préparation sont exactement les mêmes que pour un rendez-vous en présentiel ou une self-tape. Vous recevrez un e-mail avec une séquence à travailler ainsi que les instructions pour vous connecter, via un lien vers une session en ligne sur Zoom ou Skype. L'environnement que vous créez chez vous doit être choisi avec soin afin de correspondre à l'atmosphère de la scène. Le jour de l'entretien, assurez-vous que votre connexion Internet est stable, que la webcam vous filme sous le meilleur angle possible et que l'éclairage met en valeur chaque expression de votre visage. Dans le but d'obtenir un son de qualité, il est conseillé d'utiliser un micro externe connecté à votre ordinateur via un câble USB. Une fois ces réglages effectués, faites un dernier test : déplacez-vous, ajustez chaque mouvement, debout ou assis, et restez libre dans vos actions sans sortir du cadre. Par précaution, connectez-vous quelques minutes avant le début de la session, de manière à vous préparer mentalement. Lorsque vous apercevez enfin le recruteur sur l'écran, rappelez-vous que le moindre détail compte : votre sourire, la chaleur de votre regard, l'assurance qui émane de vous. Ce contact visuel est décisif, car la première impression peut influer sur la suite du casting. Comme pour une audition classique, donnez toute votre attention à la première prise : que ce soit avec une caméra sur trépied ou une webcam, votre interprétation reste la même. Au-delà de la technique, montrez aussi que vous savez réagir dans l'urgence et apporter cette touche personnelle qui vous distingue des autres. Valorisez une manière singulière d'aborder le personnage, de faire passer une émotion, ou votre interprétation de la scène.

À la fin de l'entretien, même si vous ressentez que le temps est passé trop vite ou que vous auriez pu donner davantage, gardez votre confiance. Remerciez chaleureusement votre interlocuteur et quittez la session. Cette expérience est similaire à un essai traditionnel, mais la maîtrise technique et l'utilisation d'un espace restreint peuvent ajouter du stress. Considérez chaque nouvelle audition, qu'elle soit sur place ou en ligne, comme une expérience supplémentaire qui enrichit votre parcours.

Le call back

Tout acteur pense au call back, une fois le casting terminé. Si vous recevez l'appel pour un deuxième rendez-vous, préparez-vous de façon rigoureuse. Par précaution, notez ce qui a bien marché : un déplacement, une façon de prononcer certaines répliques, et repartez sur ces bases avec clarté. Ce temps supplémentaire vous donnera l'occasion d'approfondir votre compréhension du personnage. Cela signifie explorer ses motivations, ses angoisses, ses désirs et ses relations avec les autres. Votre objectif est désormais d'aller encore plus loin, tout en conservant vos repères. Entraînez-vous avec un partenaire ou un coach. Grâce à ce travail préliminaire, vous anticiperez les questions que le directeur de casting pourrait vous poser sur votre vision du projet, ainsi que sur vos choix d'interprétation et la manière dont vous vous situez par rapport à l'histoire.

Comme le réalisateur sera certainement présent, il est recommandé de s'informer sur lui autant que possible. Chaque cinéaste a sa propre méthode, il est donc utile de s'y familiariser. Le jour venu, n'hésitez pas à poser des questions et éclaircir des points de scénario, si nécessaire.

Exemple : call back pour une comédie dramatique

Pitch : des retrouvailles entre amis, lors d'un week-end, font ressurgir les éléments d'un passé douloureux. Au cours d'une conversation, votre personnage apprend que sa fiancée de l'époque (présente dans le groupe) l'a trompé avec un proche. Cette révélation sera lourde de conséquences.

- Transition émotionnelle : le recruteur veut voir comment vous passez de la légèreté à un sentiment plus profond sans que cela semble forcé.

- Vous devez être perçu comme un acteur capable d'utiliser l'humour pour masquer vos sentiments, donc à l'aise avec les émotions contradictoires.

- Rythme comique : votre aptitude à plaisanter tout en découvrant peu à peu la vérité. Le ton ne sera pas trop dramatique, mais il laissera entrevoir un certain chaos intérieur. Dans cette scène, vos échanges avec les autres acteurs déterminent l'atmosphère. Même si vous êtes au centre de l'attention, réagissez avec naturel aux sous-entendus avant le basculement. Ce sera alors à votre tour de dévoiler des vérités lorsque vous apprendrez la révélation.

Si, lors du premier casting, vous avez impressionné le recruteur, au call back, vous rejouerez la même scène, et peut-être la suivante, avec un partenaire, sous le regard du réalisateur. Comprenez pourquoi vous utilisez l'humour en tant que mécanisme de défense et comment cela influence vos relations avec les autres personnages. Malgré la rancœur, ne vous emportez pas trop vite. Il est préférable de progresser par étapes, de la surprise au règlement de compte, sans exagérer. Restez concentré et confiant. Vous avez été choisi pour vos compétences, c'est une vraie chance d'obtenir le rôle.

14 - FAIRE FACE AU REJET

*« Le casting n'est pas seulement la recherche de la per-
fection, mais celle de la vérité. Je cherche des acteurs
qui apportent une humanité brute, sans fioritures. »*

Ang Lee

Tout comédien est confronté au rejet. Vous le savez,
même les plus grandes célébrités sont passées par cette
étape. Prenons Jean Dujardin, longtemps cantonné à des
rôles comiques, notamment avec son personnage emblé-
matique de Brice de Nice, il a dû se battre contre cette éti-
quette avant qu'on lui accorde enfin la chance de s'imposer dans des registres plus sérieux. Audrey Tautou,
François Cluzet et bien d'autres ont connu ces frustrations
avant d'être enfin remarqués et de voir les propositions
s'enchaîner. Vous tenterez donc de ne pas vous laisser dé-
stabiliser, mais cela ne se fait pas du jour au lendemain. Il
faut passer par de nombreux castings, affronter l'inconnu
et développer une compréhension de soi pour accepter le
sort de tout comédien : ne pas toujours être choisi.

Vous vous demandez encore pourquoi votre dernière
audition a échoué. Deux cas sont fréquents : le rendez-
vous ne s'est pas passé comme prévu, avec un manque de

réactivité ou des demandes inattendues qui vous ont déstabilisé. L'autre situation, plus frustrante, survient quand tout s'annonçait bien : votre scène était réussie, et le directeur de casting semblait satisfait. Vous êtes sorti de l'audition confiant, mais la déception, quelques jours plus tard, a été d'autant plus brutale. Parfois, des facteurs indépendants de votre prestation entrent en jeu. Par exemple, si vous auditionnez pour jouer le frère d'un acteur déjà choisi, le réalisateur peut estimer que vous ne lui « ressemblez » pas assez. Le choix final repose parfois sur des critères simples comme l'âge apparent, même si votre interprétation était impeccable. Ce refus signifie que, pour ce rôle, vous n'étiez pas exactement la personne recherchée.

Je connais bien ces moments de remise en question qui suivent un échec. En règle générale, ces refus sont ponctuels et alternent avec des auditions réussies ; cela fait partie du processus. Le plus difficile consiste à traverser une loi des séries, c'est-à-dire une succession de ratages. Dans ces moments-là, l'acteur finit par se décourager et douter de lui-même.

Vous chercherez à comprendre les raisons possibles du refus (stress, technique à perfectionner, préparation insuffisante) et de voir comment transformer ces faiblesses en progrès. Parfois, le simple fait d'exprimer sa frustration aide déjà à alléger le ressenti ; c'est une façon utile de crever l'abcès et de faire le point sur ses propres responsabilités, tout en prenant en compte celles du recruteur (audition vite expédiée, manque de clarté dans les consignes, ou demandes complexes, comme une improvisation avec des difficultés d'exécution).

Dans le cas d'une self-tape qui n'a pas porté ses fruits, il est souvent plus simple d'identifier les éléments à améliorer en organisant une session de visionnage. Régulièrement, je participe à ces débriefings. Nous passons en revue les moments réussis et les points faibles de la vidéo et discutons des axes d'amélioration. Le feedback s'appuie ainsi sur des bases concrètes. Ensuite vient le moment de la remotivation, où il s'agit de valoriser les forces du comédien et de le reconnecter à ce qu'il maîtrise déjà. Il doit alors prendre du recul et voir sa carrière sur le long terme : un échec n'est qu'un petit épisode dans son parcours. Ensemble, nous définissons des objectifs et des actions concrètes pour y parvenir. Si l'acteur a manqué d'énergie, je lui propose un travail visant à renforcer sa vitalité, avec des échauffements physiques et vocaux qu'il pourra reproduire avant chaque nouvelle audition. Nous passons plusieurs séances à travailler des scènes qui l'obligent à affronter cette difficulté, à mobiliser son corps et sa voix, et à aller au-delà de ses limites jusqu'à obtenir des résultats significatifs. L'échec devient alors un moteur de progression.

Créer une routine de récupération

Élaborer une routine post-audition est une bonne manière de vous recentrer après un refus. Prenez le temps de vous reconnecter à ce que vous aimez dans le métier d'acteur. Relisez certains ouvrages inspirants ou revoyez des films qui nourrissent votre motivation. En accomplissant cette routine, vous parviendrez plus facilement à retrouver l'étincelle qui vous a poussé à choisir cette voie. L'essentiel est de garder une vision à long terme et de ne pas vous laisser décourager par des échecs temporaires. Chaque rôle, même modeste, est une victoire, et chaque refus une chance de vous améliorer. L'enjeu est bien là : progresser, adopter une nouvelle méthode de travail, s'engager dans des expériences enrichissantes qui vous aideront à vous développer artistiquement.

Quelques suggestions :

- Cours avancés : entraînements intensifs de théâtre et de jeu face caméra, ainsi que des ateliers spécialisés afin de vous perfectionner à tout moment.

- Exploration de rôles inhabituels : se fixer des défis atteignables est un excellent moyen de stimuler votre créativité.

- Si des retours sont disponibles, étudiez-les en profondeur. Identifiez les aspects qui pourraient être améliorés, qu'il s'agisse de l'interprétation, du charisme, de la projection de voix ou de la compréhension du personnage.

- Tenir un « journal de casting » où vous notez les commentaires reçus ainsi que vos propres observations. Vous gardez une trace de vos progrès et travaillez sur des points spécifiques pour les auditions suivantes.

- Entraînement intensif : organisez des « soirées self-tape » avec d'autres acteurs où chacun peut s'entraîner à jouer une scène et obtenir des critiques constructives.

- Explorez des genres dans lesquels vous souhaitez exceller, comme la comédie, le drame ou le thriller. En vous spécialisant, vous vous distinguez par un certain type de rôles. Entraînez-vous avec des textes, des scènes et des films de ce genre : vous gagnerez en justesse d'interprétation.

- Participez à des ateliers d'improvisation : c'est un excellent moyen de développer votre spontanéité et de réagir instantanément aux situations, une compétence précieuse pour les castings.

Vous avez appris à dissocier votre valeur professionnelle du résultat d'une audition. Si vous êtes passionné par votre métier, rien ne vous enlèvera le plaisir du jeu ; vous êtes inarrêtable.

15 - VISER LE NIVEAU SUPÉRIEUR

« J'aime faire passer des auditions aux acteurs pour des rôles qu'ils ne pensent pas pouvoir jouer. C'est souvent là qu'ils livrent leurs meilleures performances. »

David Fincher

Augmentez votre visibilité

Après un refus en audition, en plus du travail de perfectionnement personnel, il n'est pas rare de traverser une phase de remise en question, qui mène parfois à un désir d'aller de l'avant ou même de diversifier ses activités. Vous pouvez alors travailler dans la perspective d'agrandir votre visibilité. La vie d'un artiste ne se limite pas à l'horizon des castings : votre site d'acteur vous offre de nombreuses possibilités, comme lancer un blog pour partager votre expérience et donner des conseils à ceux qui veulent se lancer dans le métier. Aujourd'hui, il est envisageable de diversifier ses sources de revenus et de développer une véritable présence en ligne. En plus de votre activité principale, gagnez en reconnaissance sur votre site ou vos réseaux sociaux grâce à vos créations. Par exemple :

- Ebooks sur le jeu d'acteur : écrivez des livres pédagogiques. En devenant auteur, vous renforcez votre notoriété et vendrez vos livres sur de nombreuses plateformes de e-commerce grâce à l'autoédition. Il est aussi possible de prêter votre voix pour des livres audio.

- Formations en ligne sur des techniques d'interprétation : en tant que comédien expérimenté, utilisez cet atout et proposez des vidéos inspirantes au grand public.

- Coachings en visioconférence : rencontrez vos élèves en direct et partagez votre expertise grâce à des sessions interactives sur des plateformes comme Zoom.

- Création de podcasts : si vous avez un talent de conteur, lancez un podcast et exprimez votre point de vue sur le métier d'acteur.

- Ouverture d'un blog : partagez vos conseils sur l'art dramatique. Construisez une plateforme qui engage les lecteurs, leur apporte de la valeur et les oriente vers vos créations avec des liens ciblés.

En vous tournant vers YouTube et TikTok, partagez vos réflexions, des interviews d'acteurs et des astuces pour réussir dans le métier :

- Vlog d'une journée sur un plateau de tournage.

- Coulisses de la préparation d'un rôle dans un court métrage.

- Expérience d'audition pour une série Netflix.

- Vidéo pédagogique servant de support à une formation en ligne.

Grâce à cette double casquette, vous ne serez plus seulement un acteur en recherche de rôles ; on vous percevra comme un artiste qui sait transmettre. Il faut néanmoins l'avouer, ces activités sont chronophages : elles demandent un véritable investissement personnel avant d'obtenir des résultats. Il y a d'abord la phase de création d'un produit, texte ou vidéo, qui se compte en semaines, voire en mois dans le cas d'un livre, puis celle de la promotion où vous le ferez connaître sur les principaux réseaux.

En plus de générer du contenu, il faudra l'optimiser pour les moteurs de recherche (SEO). Cela signifie intégrer des mots-clés pertinents, rédiger des titres accrocheurs et structurer votre texte pour qu'il soit bien référencé sur Google. Si vous écrivez un article sur l'acteur face à la caméra, des mots-clés comme « jeu d'acteur », « techniques de jeu » ou « préparation d'audition » doivent figurer dans votre texte. Cela augmente vos chances d'apparaître dans les résultats de recherche lorsque les utilisateurs tapent ces expressions.

Rédaction de titres accrocheurs

Le titre de votre article est, en général, le premier élément que les internautes voient. Il doit être à la fois percutant, informatif et contenir un mot-clé principal. Par exemple : « 5 Techniques afin de devenir un acteur plus performant » attire l'attention tout en étant optimisé pour le référencement.

Création de contenu de qualité

Assurez-vous que votre contenu apporte une réelle valeur ajoutée à vos lecteurs. Plus il est utile, plus il est susceptible d'être partagé et recommandé, ce qui améliore son référencement. Proposez des études de cas, des témoignages de professionnels ou des conseils pratiques qui enrichissent vos supports sur le travail de l'acteur au cinéma.

Communiquer encore et toujours

Après avoir créé votre matériel, que ce soit un livre, une vidéo ou un article de blog, il faudra le promouvoir activement. Cela passe par la production de posts, de vidéos courtes ou d'extraits de votre travail. Vous devrez échanger régulièrement avec votre communauté en répondant aux commentaires et en participant à des discussions en ligne. L'objectif est de tisser un lien avec votre audience. Plus vous vous investirez, plus elle sera attentive à vos créations.

Un travail exigeant, mais accessible en se formant à chaque étape

Quand j'ai lancé cineacting.com, je n'avais aucune expérience en la matière. Je voulais simplement transmettre mon expérience à ceux qui souhaitent devenir comédiens. J'ai pris mon courage à deux mains et créé un site sur Wix, puis j'ai décidé d'écrire un ebook et de le vendre sur ce site ainsi que dans les principales librairies en ligne. Là encore, c'était une nouvelle aventure : il a fallu tout apprendre, de la mise en page au formatage, en passant par la création de la couverture, sans oublier la promotion. Après avoir étudié de nombreux tutoriels sur YouTube, je me suis aussi lancé dans la communication digitale : newsletters, vidéos, réseaux sociaux. Il a fallu du temps avant de bâtir une communauté autour de mes projets. En créant cineacting.com, j'ai mis en place un service de visioconférence via Zoom dans l'objectif de proposer des modules de formation, de l'initiation à l'entraînement aux castings, destinés aux débutants comme aux professionnels.

Cette approche est courante, car de nombreux acteurs utilisent aujourd'hui les outils numériques afin de proposer leurs services. Ils trouvent ainsi un moyen judicieux d'atteindre un public plus large et d'accroître leur présence sur les réseaux sociaux. Ils peuvent ainsi se positionner comme des experts dans ce secteur. Les témoignages, succès et recommandations valident leur légitimité, les rendant plus susceptibles d'être contactés par des professionnels. En cultivant cette notoriété, ils ne se contentent pas de vendre des produits ou des formations, mais créent une véritable marque personnelle, ce qui leur ouvre de nouvelles portes, comme participer à divers projets, être invités à des conférences ou donner des masterclasses.

Jouer à tout prix

Vous désirez être acteur, et rien d'autre. Pourtant, malgré tous vos efforts, les castings se font rares, et vous vous retrouvez face à cette réalité frustrante : l'attente, le silence, les refus. Dans ce cas, la solution est claire : il est temps de prendre votre destin en main et de concevoir vos propres projets. De nombreux acteurs et actrices ont franchi ce cap par nécessité, en choisissant de se lancer dans la création d'un spectacle, la réalisation de courts métrages, ou même de web séries. En vous engageant dans l'auto-production, vous ne dépendez plus seulement des choix des autres, mais devenez l'artisan de votre réussite.

Monter un spectacle

Créer un spectacle en solo est une occasion précieuse de renouer avec le public et d'exercer pleinement votre métier de comédien en toute indépendance. Pour ce faire, vous écrirez vos propres textes ou adapterez une œuvre libre de droits. Dans le domaine de l'humour, la concurrence est féroce, ce qui implique de redoubler d'efforts pour vous faire connaître. Cependant : ce type de spectacle ne se limite pas au stand-up. Vous pouvez également concevoir un texte original dans un tout autre registre. Néanmoins, la difficulté reste réelle : sans le soutien d'un auteur connu, il faudra faire preuve de persévérance pour vous imposer. Dans cette aventure, il est difficile d'avancer seul. Vous aurez besoin d'un metteur en scène, de son regard et de son soutien. Il saura gérer les aspects techniques et vous guider dans votre interprétation. Le projet doit être suffisamment motivant pour convaincre un collaborateur sur qui vous pourrez compter, malgré des moyens limités.

Même avec un spectacle de qualité, il est ardu d'attirer l'attention des programmateurs, producteurs ou médias. Le manque de notoriété complique la mise en avant, rendant le remplissage des salles incertain. Vous devrez alors trouver vos lieux de représentation, faire face à des coûts élevés et négocier avec les directeurs de salle pour garantir la viabilité de votre projet.

Ce que nous avons décrit dans le paragraphe précédent, concernant les contenus en ligne, est également valable pour les créations artistiques : spectacles et films. Se faire connaître aujourd'hui passe nécessairement par une présence sur la majorité des réseaux sociaux. Auparavant, il fallait procéder de façon artisanale en collant des affiches et en distribuant des flyers ; beaucoup le font encore, mais l'essentiel de la communication se passe sur Internet. J'en parle d'autant plus facilement que je rencontre de nombreux comédiens qui traversent ces différentes étapes en devenant les copywriters de leurs propres projets. Il suffit d'aller sur Facebook et de suivre, au jour le jour, l'itinéraire de différents spectacles ou films, à travers des extraits ou des témoignages face caméra.

Là aussi, vous devrez identifier votre public, créer différents types de publications : l'affiche de votre spectacle, des photos accompagnées de textes, ainsi que des vidéos. En tenant compte de vos dates de représentations, planifiez vos annonces sur une période de plusieurs semaines ou mois avant le spectacle. Expliquez la genèse du projet, pourquoi vous choisissez ce sujet et ce qu'il signifie pour vous. C'est une démarche où vous partagez les différentes étapes avec votre communauté : les répétitions, le jour de la première et les retours du public. La plupart du temps, vous tournerez un teaser vidéo qui reflète l'esprit de votre spectacle sans trop en dévoiler, et vous le publierez sur toutes vos plateformes en utilisant un visuel accrocheur et le hashtag officiel de l'événement.

Monter un spectacle seul vous permettra d'acquérir de nouvelles compétences aussi bien en écriture qu'en promotion. À moyen terme, cette stratégie vous aidera à progresser dans votre parcours et à poursuivre d'autres créations ; c'est un moyen de maîtriser tous les aspects de la chaîne de production et de devenir autonome.

Réaliser un court métrage

Quel sera l'univers de votre premier film ? Utilisez votre sens des émotions et dirigez d'autres acteurs. Vous ne vous concentrerez plus seulement sur l'obtention des rôles, mais aussi sur l'avancement de vos réalisations. Dès que vous jugez votre scénario prêt à être tourné, vous réunissez des comédiens et une équipe technique. Chacun doit être fier de participer à votre projet ; ce court métrage devient aussi le leur.

Naturellement, il faut un minimum de budget si vous ne bénéficiez d'aucune subvention. L'une des méthodes les plus répandues consiste à créer un crowdfunding. Il s'agit d'un financement participatif où un certain nombre de personnes contribuent au projet via une plateforme en ligne, comme Kickstarter ou Ulule. Chaque contributeur investit une somme, petite ou grande, pour aider à atteindre l'objectif fixé. En échange, il peut recevoir des récompenses ou des parts du projet, selon le type de campagne.

- Privilégiez une histoire qui peut être filmée dans un nombre limité de décors.

- Recentrez votre sujet sur un petit groupe de comédiens.

- Élaborer un planning précis pour chaque phase de la production.

- Engagez des collaborateurs polyvalents, comme un chef opérateur qui puisse cadrer.

- Profitez autant que possible de la lumière naturelle.

- Intégrez de la musique libre de droits.

- Utilisez des plateformes comme Vimeo et les réseaux sociaux pour diffuser votre court métrage.

- Soumettez votre film à des festivals locaux ou en ligne, tels que le Nikon Film Festival.

Dans la peau d'un directeur de casting

En devenant réalisateur de court métrage, il y a de fortes chances que vous organisiez le casting vous-même. Votre expérience vous rend-elle plus directif ou plus empathique avec vos acteurs ? Vous vivez des moments d'enthousiasme et êtes confronté à des choix difficiles ; c'est une étape décisive où les personnages du scénario prennent vie, où chaque détail compte lorsque vous êtes de l'autre côté de la barrière, derrière la caméra.

Avant de chercher les comédiens, définissez précisément chaque rôle. Imaginez la protagoniste, Laura : 30 ans, brune, à l'air fragile, mais au caractère fort. Elle porte les cicatrices invisibles d'un passé tumultueux, essaie de garder le contrôle alors que la colère menace de tout emporter. Décrivez précisément les traits de caractère de votre personnage, cela vous aidera à trouver l'actrice idéale pour l'incarner.

Ensuite vient le moment de rédiger cette fameuse annonce de casting, celle qui doit capter l'attention des talents que vous souhaitez recruter.

Par exemple : « Nous recherchons Laura, une femme de 30 ans, le rôle principal de notre court métrage *Les Silences de Laura*. Le tournage aura lieu du 10 au 12 décembre à Paris. Projet non rémunéré, mais avec défraiement. Envoyez vos candidatures, photos et bande démo avant le 1er décembre. »

Chaque mot compte, car en tant que chef d'équipe, votre rôle est d'inspirer des talents à rejoindre le projet.

En triant les CV, les photos et les bandes démos, vous resterez attentif aux moindres détails : une voix qui accroche, un regard qui en dit long, une gestuelle qui raconte une histoire. Par exemple, vous recevez la candidature de Julie, qui a une diction impeccable, mais un jeu un peu froid, et celle d'Isabelle, dont la démo est chargée en émotion. Vous commencez déjà à visualiser qui pourrait incarner Laura. Lors de l'audition, la magie opère ou non. Les comédiens montrent leur vision des personnages, et vous devez rester concentré sur la justesse, sans prendre de risques si un postulant ne vous convainc pas. Au fil des rendez-vous, vous serez sans doute surpris par une interprétation inattendue, mais réaliste. Dans ce cas, encouragez l'improvisation et laissez le potentiel brut de l'acteur s'exprimer.

Le rapport humain n'est pas à négliger lors de cette première rencontre. Il est important de sentir que le comédien choisi sera un bon collaborateur sur le tournage, quelqu'un sur qui vous pourrez compter et qui apportera son enthousiasme au film. Le casting réunit deux visions, celle du réalisateur et celle de l'acteur, lesquelles fusionnent pour créer un projet commun.

Quand toutes les auditions sont terminées, il reste encore la tâche délicate d'opérer des choix. Julie est techniquement parfaite, mais Isabelle a ce petit quelque chose qui vous touche profondément. Cette phase demande autant de cœur que de raison ; il faut savoir écouter son instinct, tout en gardant en tête la vision du film. Il est parfois nécessaire de consulter un membre de son équipe, comme le producteur, pour obtenir un avis supplémentaire. Une fois les acteurs choisis, ils sont informés et la préparation du tournage peut commencer.

En adoptant une approche rationnelle à chaque étape, il est possible de réaliser un film de niveau professionnel sans que cela coûte une fortune. Les critères fondamentaux restent les mêmes, quel que soit le budget : une bonne histoire et une interprétation de qualité. Même avec un faible coût, l'important est d'optimiser l'efficacité des ressources disponibles, en mettant l'accent sur la préparation, la créativité et l'engagement des acteurs et de l'équipe. Votre tâche consiste à valoriser chaque aspect de la production, du scénario à la réalisation, en choisissant judicieusement les éléments qui feront toute la différence.

Assurez la promotion de votre film

Appliquez les mêmes étapes de communication sur les réseaux sociaux pour le faire connaître à un large public. Dans le but d'attirer l'attention des directeurs de casting, suivez une stratégie claire. Commencez par diffuser un teaser de 30 secondes, mettant en avant les moments clés de votre film. Le jour de la sortie, publiez-le sur des plateformes comme YouTube et Vimeo. Prolongez la communication avec des vidéos making-of. Dans le cas où vous souhaitez envoyer directement votre court à un recruteur, personnalisez votre message. Il est préférable d'adresser un lien privé (Vimeo ou YouTube) plutôt qu'un fichier vidéo.

Pour progresser dans le métier d'acteur, maîtriser un rôle ne suffit plus. Aujourd'hui, vous devez acquérir plusieurs compétences : être à la fois interprète, chef d'équipe, et savoir diffuser vos créations. Vous continuerez à perfectionner votre jeu lors des auditions, mais il ne suffit pas d'attendre les opportunités, il faut aussi les créer. En prenant l'initiative de produire vous-même, vous transformez le rejet en motivation. Les refus ne déterminent plus votre valeur ni vos possibilités. Chaque « non » devient un tremplin pour affirmer votre présence dans ce métier. Concevoir son propre contenu prouve que vous êtes prêt à aller au-delà des castings et à tracer votre propre chemin vers le succès. L'échec n'est plus un obstacle, mais une étape sur la voie d'une carrière artistique plus riche et autonome.

Être comédien comme vous l'entendez, c'est se libérer des conventions et tracer votre propre route. Vous pouvez définir votre style, créer des rôles qui vous ressemblent, et même vous impliquer dans la réalisation si nécessaire. Maîtriser ces compétences vous aidera à devenir un artiste complet, capable de s'adapter aux changements. En cultivant cette polyvalence, vous ne serez plus un acteur en attente, mais quelqu'un qui fait évoluer sa carrière à son propre rythme.

16 - ENTRAÎNEMENT

« Le casting est un voyage à travers les profondeurs de l'imagination où chaque acteur apporte sa propre lumière à l'histoire. »

Gaspar Noé

L'entraînement régulier est primordial afin de progresser et d'atteindre de nouveaux objectifs, en développant constamment ses compétences, en renforçant sa technique et en se confrontant à de nouvelles expériences.

Exercice de relaxation

Se détendre vous aidera à gérer le stress et à libérer votre énergie créative. Trouvez un endroit tranquille où vous pourrez vous isoler sans être dérangé. Allongez-vous sur le dos, fermez les yeux et concentrez-vous sur votre respiration. Inspirez doucement par le nez, en gonflant votre abdomen pour permettre à l'air de remplir vos poumons. Comptez jusqu'à quatre, retenez votre souffle pendant une seconde, puis expirez par la bouche. Pour un effet relaxant, répétez ce cycle plusieurs fois en maintenant un rythme lent et régulier. À chaque expiration, sentez les tensions quitter votre corps.

Ensuite, passez à la visualisation : songez à un lieu apaisant : peut-être une plage déserte, une forêt luxuriante ou un jardin. Ce décor, avec les couleurs du paysage, les sons et les odeurs de la nature, crée une image mentale qui vous transporte. Hors du temps, vous profitez du bien-être qu'il procure. Lorsque vous vous sentirez détendu, émergez à votre rythme en commençant par remuer doucement vos doigts et vos orteils, puis étirez vos membres. Une fois les yeux ouverts, prenez conscience de votre environnement. En revenant à l'état de veille, vous conserverez une sensation de calme intérieur. Vous pouvez également associer la respiration à des affirmations positives.

Pratiquer régulièrement cet exercice facilitera la gestion du stress et stimulera votre énergie.

Exercice sur le corps

Un jeu d'acteur convaincant repose non seulement sur la maîtrise du texte, mais aussi sur le contrôle du corps. Trouvez un espace assez grand pour vous déplacer librement, sans obstacles. Portez des vêtements confortables qui ne gênent pas vos mouvements. Ensuite, placez-vous au milieu de la pièce, les pieds légèrement écartés et les bras relâchés le long du corps, puis reconnectez-vous en respirant profondément.

Si vous désirez rendre l'exercice plus immersif, inspirez-vous d'une situation ou d'un personnage de votre choix. Essayez différentes attitudes et réagissez spontanément aux impulsions qui surgissent en vous.

Commencez par des gestes lents en ressentant chaque vibration dans votre corps. Puis, en accélérant, observez comment ces changements de rythme affectent vos émotions. Les objets présents dans l'espace peuvent enrichir l'entraînement. Par exemple, utilisez une chaise pour expérimenter différentes façons de vous asseoir ou de vous lever, et notez les émotions que chaque action provoque : confiance, vulnérabilité, colère ou joie.

En prenant conscience de chaque partie de votre corps, des pieds à la tête, et en variant le tempo, vous optimiserez votre potentiel physique. Concentrez-vous sur les sensations dans vos muscles et articulations, ainsi que sur la synchronisation de vos mouvements. Grâce à cet exercice, observez comment l'ensemble de votre corps peut renforcer l'expression de votre personnage.

Lecture à vue

À partir d'un extrait de scénario, vous procéderez à une lecture rapide en cherchant à comprendre votre objectif. Cet exercice permet aussi de vous entraîner sur différents plans vocaux : commencez par un murmure, puis augmentez progressivement le volume avant de revenir à un niveau plus bas. Aborder une séquence de cette manière enrichira votre jeu d'acteur. Vous deviendrez ainsi capable d'interpréter des textes de manière plus spontanée, en révélant les intentions des personnages.

Exemple de lecture à vue

Inspirons-nous d'un film du style *Les Misérables* de Ladj Ly (2019). Dans une scène clé, les policiers de la Brigade Anti-Criminalité (BAC) se retrouvent confrontés à une situation délicate dans la cour d'un immeuble de la banlieue de Sevran. La tension monte entre les jeunes du quartier et les forces de l'ordre, menant à un affrontement violent et chaotique. Imaginez-vous dans le rôle de l'un des agents de la BAC. Vous êtes sur le point d'intervenir dans cette situation explosive où chaque mot peut avoir des conséquences graves.

- Contexte : à la lecture, ressentez l'électricité palpable dans l'air, les regards hostiles de la bande, mais aussi le poids de la responsabilité qui pèse sur vous en tant que représentant de l'autorité.

- Intention : vous êtes déterminé à maintenir l'ordre tout en évitant l'escalade de la violence. Votre objectif est de protéger à la fois les civils et vos collègues.

- Langage corporel : adoptez une posture ferme mais détendue, et soyez prêt à réagir rapidement si la situation l'exige. Gardez un contact visuel constant avec les individus autour de vous, tout en restant sur vos gardes.

- Variation vocale : parlez avec assurance pour que l'on vous entende au milieu du tumulte et conservez votre self-control.

Exemple de dialogues :

Vous

Calmez-vous ! Personne ne veut de la violence ici. Reculez, s'il vous plaît, et laissez-nous faire notre travail.

Jeune du quartier

Vous êtes toujours là pour nous taper dessus, vous ne faites rien pour nous aider !

Vous

Je comprends que vous soyez en colère, mais on est ici pour maintenir la paix. Laissez-nous gérer la situation. On pourra discuter ensuite.

Jeune du quartier

On n'a rien à vous dire ! Vous débarquez ici comme des cow-boys, c'est pas possible.

Vous

Notre priorité, c'est d'assurer la sécurité de tout le monde.

Jeune du quartier

On ne vous laissera pas faire.

Vous

Je vous conseille de ne pas chercher les problèmes, sinon ça va encore dégénérer. Laissez-nous travailler et tout se passera bien. Vous avez ma parole.

En modulant votre lecture, vous pouvez capter l'intensité du moment tout en restant calme et déterminé. Commencez par répéter rapidement les répliques difficiles à prononcer. Ensuite, reprenez-les à mi-voix, puis augmentez peu à peu le volume. Focalisez-vous sur la précision de chaque dialogue en insistant sur la sincérité.

Exercice de mémorisation

Maîtriser un texte et comprendre l'organisation des différentes parties apportera de la spontanéité à votre jeu. Prenons, par exemple, un extrait de *La Loi du marché* (2015) de Stéphane Brizé, que vous pouvez trouver sur Internet. Le personnage principal, Fred, prend la parole lors d'une réunion syndicale, où il s'emporte à propos de la pression qu'il subit au travail.

Divisez la séquence en segments plus petits, qu'il s'agisse de phrases ou de paragraphes, selon la longueur et la difficulté du passage. Commencez par lire la première section en vous concentrant sur l'intention derrière chaque réplique. Dans le discours de Fred, analysez pourquoi il est stressé, ce qu'il essaie de communiquer à ses collègues, et comment cela se reflète dans son ton et le choix de ses mots.

Mémorisez ce premier fragment, puis récitez-le en restant aussi fidèle que possible au script. Répétez cette étape pour chaque partie. Une fois que vous connaîtrez toutes les sections par cœur, enchaînez l'ensemble du texte.

Pour aller plus loin, effectuez des variations : entraînez-vous en travaillant dans différentes situations :

- Debout : face à un miroir, observez vos expressions faciales et votre langage corporel.

- Assis : imaginez que vous êtes dans une salle de réunion ou à une table de négociation, utilisant votre voix et vos gestes pour transmettre l'urgence de la situation.

- En mouvement : marchez dans une pièce ou même dans la rue. Tout en récitant votre texte, passez d'une émotion à une autre.

Cet entraînement contribuera à rendre votre jeu plus naturel à l'écran.

Exercice d'articulation et de voix

Le training suivant est axé sur l'amélioration de votre articulation à travers un travail sur un monologue. Prenons, par exemple, un extrait inspiré de *Seul contre tous* de Gaspar Noé (1998). Commencez par diviser le texte en segments pour faciliter la lecture de chaque partie distincte.

Voici une réplique où le personnage principal, un boucher, exprime sa frustration : « Le monde est rempli de cons. On est entourés de cons. À commencer par moi. La vie est une suite d'échecs. On se relève, on tombe, et à la fin, on crève comme un chien. »

Avant de vous lancer, effectuez quelques exercices d'échauffement pour améliorer la netteté de votre voix.

- Lisez la première phrase lentement en exagérant l'articulation de chaque mot. Par exemple : « Le mon-de est rem-pli de cons. On est en-tourés de cons. »

- Ensuite, répétez la phrase en mettant l'accent sur chaque syllabe de manière distincte, dans le but d'améliorer votre précision.

Variez l'intensité de la voix

Dans l'étape suivante, récitez la réplique à voix basse en restant concentré sur la diction. Ajoutez une intensité émotionnelle en exprimant la colère du boucher.

<u>Combinaison de l'articulation et de la voix</u> :

- Reprenez chaque segment jusqu'à ce que vous le maîtrisiez parfaitement.

- Ensuite, enchaînez l'ensemble du monologue.

Pendant de nombreuses années, j'ai commencé mes séances en « filmant la voix » : l'acteur devait réciter un court texte enregistré uniquement pour l'audio — il ne fallait pas qu'il se regarde, mais seulement s'écouter, en position de relaxation, de sorte qu'aucun mot mal prononcé ne lui échappait. Vous pouvez vous inspirer de cette méthode. En prenant l'habitude de vous réentendre attentivement et de prêter attention à chaque détail, vous limiterez les imprécisions.

Exercice d'improvisation

L'improvisation est souvent utilisée lors des castings, car elle permet aux recruteurs de voir comment un acteur réagit spontanément. Il s'agit avant tout de structurer ses réponses et d'être à l'écoute de ses partenaires. Un entraînement régulier favorise la libération des inhibitions et permet de réagir de façon plus naturelle pendant l'audition.

Lorsque l'on vous donne une trame sur laquelle improviser, repérez d'abord les moments clés de la situation et ayez une vision claire de son déroulement. L'incident déclencheur, le basculement et le climax sont les points qui donnent du rythme à la scène et la rendent plus engageante.

Les dialogues improvisés doivent faire progresser l'histoire, introduire des enjeux ou des tensions, et permettre aux personnages de réagir à de nouveaux rebondissements. Employez des « mots utiles » : ils apportent des informations tout en maintenant la dynamique de la séquence. Ils servent à faire évoluer la trame, clarifier les intentions des personnages et ajouter de la profondeur sans alourdir l'échange. Évitez les répliques creuses ou le bavardage, qui brisent le rythme et diminuent l'impact de l'improvisation. Gardez la tension et l'intérêt tout au long de la conversation.

Voici un sujet de comédie romantique sur lequel vous pouvez jouer en liberté :

Pitch : Franck et Julie, un couple dans la trentaine, se retrouvent seuls dans une pièce après une dispute. Franck reproche à la jeune femme de ne pas être honnête sur ses sentiments, tandis qu'elle se sent piégée entre ses propres désirs et les attentes de son compagnon.

Développement de l'improvisation

Premier échange : Franck exprime son manque de compréhension face aux sentiments de Julie ; celle-ci réagit en soulignant qu'il n'écoute que ce qu'il veut entendre. Face aux reproches, Julie met en lumière l'incapacité de Franck à saisir le mal-être qui s'est développé entre eux depuis de longs mois.

Escalade du conflit : Franck, agacé, lui suggère de partir si elle est insatisfaite. Julie, de son côté, exprime sa difficulté à prendre la bonne décision. Malgré le désarroi et l'impuissance de son compagnon, la jeune femme réagit en expliquant qu'elle perd ses repères.

Tentative de rapprochement : à mesure que la tension monte, un moment de vulnérabilité apparaît. Franck pourrait exprimer un regret ou une ouverture, cherchant à comprendre ce que Julie ressent. Celle-ci parle alors de sa confusion et de ses sentiments mêlés, tout en restant ouverte à une tentative de compréhension, mais sans être totalement convaincue.

La séquence improvisée se conclut par une forme de réconciliation fragile. Les deux personnages cherchent un apaisement. Ils sont bouleversés, mais un espoir d'amélioration demeure, laissant la situation en suspens.

Objectifs pour les acteurs :

- Écoute active : chacun doit être attentif aux ressentis de l'autre et réagir en temps réel pour construire un dialogue sincère.

- Réaction émotionnelle : la tension est palpable, mais également les moments où les personnages commencent à se comprendre, malgré leurs divergences.

- Conclusion ouverte : la réconciliation semble fragile et laisse place à l'incertitude quant à l'avenir de leur relation.

En répétant cette improvisation plusieurs fois, les dialogues deviennent aussi naturels que ceux d'une scène écrite. Suivez ces étapes : vous apprendrez à trouver des répliques justes en fonction des émotions présentes. Chaque tentative rend l'échange avec votre partenaire plus fluide, comme une conversation naturelle. Plongez dans ce que vous connaissez et ajoutez des détails réels à la fiction. Avec la pratique, vous deviendrez plus réactif et saurez vous immerger totalement dans ce jeu libre.

Improvisation avant de poursuivre avec un texte

C'est l'un de mes échauffements les plus fréquents. Je propose à un acteur une brève improvisation, comme téléphoner à un personnage imaginaire, avant d'enchaîner directement avec le texte. Cette méthode permet de rendre les dialogues écrits beaucoup plus naturels. En effet, un comédien peut parfois paraître moins convaincant en commençant ses répliques « à froid ». Insuffler de la vie avant les premiers mots aide à maintenir cette dynamique tout au long de la séquence.

Exercice de simulation de casting

L'objectif de cet entraînement est d'interpréter une scène avec la même rigueur que si vous étiez en audition. Vous devez donc trouver la justesse dès la première prise, sachant que vous serez jugé en peu de temps.

Prenons un exemple dans le registre du drame psychologique : un père de famille découvre, par hasard, que son fils adolescent est impliqué dans un accident tragique qui a coûté la vie à un camarade de classe. En choisissant de garder le secret pour le protéger, leurs liens vont se déliter peu à peu, jusqu'à une confrontation inévitable.

Dans ce type de drame, les dialogues ne sont que la surface des émotions qui bouillonnent sous le calme apparent. Essayez de comprendre ce que le père ne dit pas, mais qu'il exprime par ses silences ou ses regards.

Pour travailler ce rôle, commencez par créer une biographie sommaire, ne serait-ce que noter quelques impressions personnelles. Imaginez une façon de jouer où rien d'explicatif n'influencera vos actions. Par souci de rigueur, vous vous accorderez une heure de préparation avant de passer à la partie filmée.

Lancez-vous avec une présentation face caméra. Certains directeurs de casting n'y auront pas recours, mais intégrez-la dans votre entraînement par précaution. Quelques mots concernant votre formation, vos principales expériences et les derniers projets dans lesquels vous avez tourné. Après cela, vous enchaînerez directement avec la séquence.

Pitch : ce soir-là, le père découvre une vérité troublante en surprenant une conversation téléphonique où son fils se livre à un ami. Il réalise que l'adolescent cache quelque chose de grave : cette révélation survient avant le dîner familial.

Première prise : le temps des émotions

Le début de la scène nécessite un moment de tension silencieuse lorsque vous prenez place à table. Un partenaire incarnant le fils, hors champ, vous donnera la réplique, comme le ferait un directeur de casting.

- Commencez avec une expression neutre. Jouez cette retenue, cette lutte interne pour garder le contrôle. Un léger changement dans votre regard ou un mouvement de la mâchoire peut signifier beaucoup.

- Si le script indique une pause, prolongez-la un peu plus.

- Contrôlez vos mouvements. Un regard fuyant ou une posture rigide en disent long sur l'état intérieur du personnage.

- Parlez doucement, avec précision. Votre voix ne doit pas trahir ce que vous éprouvez.

Augmentation progressive de la tension

Tandis que la scène avance, une légère accélération dans votre débit se manifeste, laissant apparaître une montée de fébrilité. À un point précis du texte que vous aurez choisi, le masque se fissure. Votre ton tremble légèrement lorsque vous mentionnez la conversation téléphonique que vous avez entendue.

Si la scène se termine sur un refus de communiquer de la part du fils, laissez éclater votre colère sur une réplique avant de retomber dans le silence.

Visionnez attentivement cette première prise, puis repérez les moments où vos sentiments paraissent les plus naturels et ceux où le jeu est trop visible.

Ensuite, enchaînez avec deux autres prises en cherchant à obtenir, à chaque fois, une vérité immédiate. Le plus important est de vous entraîner à être sincère dès que l'on vous filme. Vous pourrez reprendre ce parcours en utilisant des textes de registres totalement différents.

Dans cet exercice, suivez toujours la même démarche en vous accordant un temps de préparation : création du personnage, découpage du texte, choix de mise en scène. Cela vous permettra d'acquérir une méthode de travail et des réflexes qui vous seront utiles sur le terrain professionnel.

CONCLUSION

Passer un casting ou tourner une self-tape, c'est comme plonger dans l'inconnu. Chaque acteur traverse cette étape avant de décrocher un engagement. Vos auditions sont des tremplins vers des perspectives encore plus grandes. Au fil du temps, vous apprendrez à naviguer entre les hauts et les bas du processus de sélection. Les bonnes nouvelles vous réjouiront, tandis que les déceptions renforceront votre détermination. Ne laissez pas les refus affaiblir votre désir de jouer. Souvenez-vous que l'attribution d'un rôle dépend en grande partie de la vision subjective du réalisateur pour un personnage donné.

Vous possédez maintenant des outils pour préparer vos auditions de manière optimale. La réussite dans le monde du cinéma et de la télévision demande bien plus que du talent : elle exige de la ténacité, une foi inébranlable et un engagement constant à se perfectionner.

Continuez à vous entraîner régulièrement, à développer votre présence sur les réseaux sociaux et à rester ouvert aux propositions qui se présentent. Développez votre image en ligne, tant par le contenu de votre site que par vos réalisations. En publiant des vidéos régulièrement, vous montrerez un dynamisme qui favorisera vos connexions avec des professionnels et attirera l'attention des directeurs de casting.

Avancez avec confiance et détermination. Chaque audition est une nouvelle aventure, chaque self-tape une chance d'obtenir un rôle. Le chemin vers le succès peut être semé d'embûches, mais avec persévérance, vous atteindrez vos objectifs.

BIBLIOGRAPHIE

Constantin Stanislasvki : *La construction du personnage.* Pygmalion, 1997

Michael Chekhov : *Être acteur : Technique du comédien.* Pygmalion, 1997

Yves Lavandier : *La dramaturgie.* Le clown et l'enfant, 1997

Claire Coulange : *Le guide du casting.* Eyrolles, 2022

Frédéric Sojcher : *La direction d'acteur, ouvrage collectif.* Les impressions nouvelles, 2017

Jérôme Genevray : *Cinéma guérilla — mode d'emploi.* Dunod, 2012

Linda Seger : Faire d'un bon scénario un scénario formidable. Dixit, 2005

Robert McKee : *Story.* Dixit, 2000

Françoise Menidrey : *Casting Director : un métier de l'ombre.* Pygmalion, 2012

John Truby : *Anatomie du scénario — nouvelle édition.* Michel Lafont, 2017

Ivana Chubbuck : *Le pouvoir de l'acteur.* Dixit, 2005

Nancy Bishop : *Auditioning for films and television : secrets from a casting director*. Methuen Drama, 2018

Larry Moss : *The Intent to Live: Achieving Your True Potential as an Actor*. Paperback, 2005

Tony Barr : *Acting for the camera*. Paperback, 1997

REMERCIEMENTS

Je tiens à remercier Christine Soldevila qui m'accompagne depuis de nombreuses années. Son engagement et son regard sont précieux tout au long de ce voyage.

DU MÊME AUTEUR

Face à la caméra ou la vérité de l'instant. BoD 2017